芬蘭的青年力

我想成為我想成為的人

陳聖元 著

目錄

第一部 行動力

第二部 想像力

第三部 實踐力

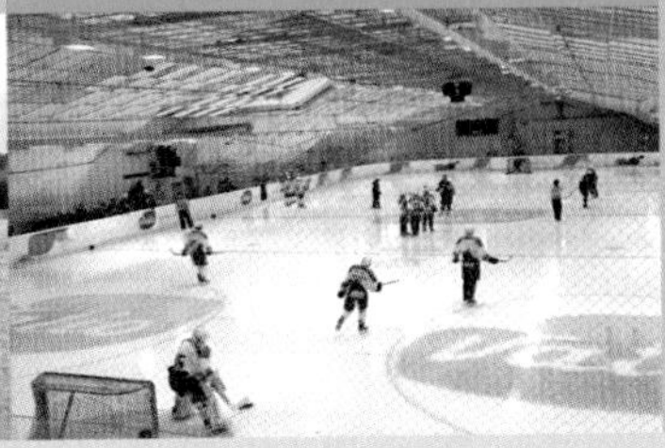

第四部 生活力

推薦序

找到為何而戰的熱情，才是學習的王道

李偉文（親子教養作家）

這些年來，芬蘭的教育體制引起世界各國的關注，大家都好奇：為何人口少、位處偏遠又寒冷的這個國家，卻能夠在各種國際學力評比中名列前茅？更神奇的是，這些競爭力不是在填鴨式的補習壓力下達成。換句話說，芬蘭的孩子是在快樂且開放的環境之中，學習並擁有當代所需的能力。

台灣近年也出版了不少書籍介紹芬蘭的教育現況，但是大多集中在學齡前與中小學，屬於基礎教育的階段，至於高中以後，也就是一個人進入社會的關鍵培育過程，報章雜誌反而較少著墨。幸好，聖元以他親身的經歷補足了這個缺口，讓更多孩子與家長可以跟著他的所見所聞，一起來思考。

台灣與芬蘭的教育體制差異太大，孩子們的思考模式當然也南轅北轍，聖元同時經歷這兩種不同的教育制度，也擁有在不同文化下成長的同儕伙伴，相信這種文化衝擊與對比，在震撼之餘也給了他成長的機會，從他筆下許多深刻的反省可以看得出來。

我很佩服聖元務實面對的態度，他了解到「逃走不是唯一和最好的辦法」，他也知道「芬蘭有芬蘭的優點，台灣有台灣的優勢」，因此不會一味地崇拜芬蘭或批判台灣。他體會到雖然許多事情我們沒辦法改變，但可以改變自己的態度，找到自己可以著力與行動的地方，這也是這本書最值得台灣年輕人一讀的原因。

我很同意他寫的：「芬蘭人相信，因為有熱情，才肯花心思去學習。」的確，不知道為何而讀，沒有學習熱忱，就算被逼著去應付考試，讀起來也不會有效果的。以往的時代，讀好學校或擁有證照，這種「優勢」至少可以用二、三十年；可是在如今典範轉移迅速、科技進步一日千里的全球化競爭時代，任何優勢都只能維持一、兩年就被超越或淘汰，未來的世界只有那些因為熱情而能忍受挫折、並不斷學習的人可以存活下來。

五年、十年後，這個世界有什麼行業或產業存在，沒有人知道，孩子長大後找工作所需的技術、知識或工具，現在根本還沒出現，即便家長再能幹、再用心，顯然也沒辦法教導孩子如今根本不存在的東西。因此，我們必須重新思考：面對未來的世界，家長到底該如何協助孩子？

我比較樂觀。正因為未來是不確定且充滿變化的，所以不必太在意孩子現在讀什麼科系，現在的學業成績好或不好。反而是讓孩子擁有探索世界的熱情，以及在自律的習慣中培養耐心與挫折容忍度，才是我所希冀的。

這本書可以讓家長、老師與孩子自己，跟著聖元一起看看芬蘭年輕人的價值觀，然後我們就更能靜下心來，面對自己的未來、自己的人生。

來自各方的鼓舞推薦

（推薦人依姓氏筆劃排列）

坊間與網路上有不少關於芬蘭教育的書籍或文章，但是聖元的前一本《GO!來去芬蘭上課》與這本《芬蘭的青年力》，卻是少有能從一個高中、大學生的眼睛看到關於芬蘭青年真實生活樣貌的書籍。全書敘述流暢生動，也不時將兩地青年的生活文化與處事態度做比較，讓我們更了解，芬蘭教育真正的成功並不是在PISA的分數，而是在那些被預備好有能力與信心探索個人生命價值的年輕人身上。那才是我們教育成敗最後所真正該看重的果子。

王道維（清華大學物理系教授）

在今年母親節前夕、前往芬蘭考察教育之前，經清大招生主任王盛麒的推薦，有幸與聖元認識，也被一位勇於嘗試和探索的年輕人深深感動。在升學考試綁架教學、扭曲學習，社會為十二年國教的升學方式紛擾爭論之際，聖元的親身體驗，讓我們再一次深思教育的本質與學習的真諦。為什麼芬蘭青年可以充滿行動力、想像力、實踐力和生活力，而我們國家卻憂心人才斷層？藉由本書，期盼我們的社會能給年輕人多些自由發揮的空間，也希望年輕人能檢視自己，思考人生的意義，成為「我想成為的人」。

周懷樸（清華大學前教務長、工程與系統科學系教授）

「旅行，是為了回家。」這是作者對兩次環島之行及兩度遠赴芬蘭所下的詮釋。聖元覺得他們這個世代的年輕人，是被安排著長大的，亟需獨處來試煉自己的心靈，好讓每個人的心有空間與自己對話，對未來做好準備。

「有夢就去追，但夢，追到了才叫美好！」是作者對追尋理想所下的註解。因此，聖元於二〇〇八年以十六歲的年輕生命，進行了為期一年的「追夢」——自我探索之旅；再於二〇一一年以十九歲的準成年之齡，進行了為期一月的「續夢」——自我實現之旅。

透過第二次的芬蘭行，聖元更深入地讓我們看到芬蘭青年的生活，也加上了聖元自己的省思。這一個月寶貴的續夢之旅，值得我們深思：教育工作者及家長努力的方向是信任孩子，願意釋出空間協助孩子追求理想；青年學子則是勇於冒險，找到屬於自己的「sisu」！

楊世瑞（臺北市立中山女子高級中學校長）

常常有人問我，何謂遊學？顧名思義就是邊遊玩、邊學習！對台灣的家長們而言，可能仍有些困惑：邊玩邊學，怎麼會學得好？然而，與其讓孩子成為只會死讀書、卻毫無自主和思考能力的人，為何不趁早讓他們感受什麼是生活？讓他們了解自己想要的是什麼？

「教育即生活」，擁有更開闊的視野，懂得如何思考，知道怎麼生活，都遠比成績單上的分數重要。透過作者細膩的筆觸和豐富的經歷，不禁讓人有些感嘆，為何台灣的莘莘學子無法像芬蘭的孩子們那樣快樂？

期待讀了這本書的你們，能夠和作者一樣，鼓起勇氣，背起行囊尋夢去吧！每個人都能好好享受自己的 Gap year！

戴君竹（遊學達人、知名演員）

自序
想像與行動

二〇〇八年高一念完後，我獨自一人到芬蘭的曼查拉高中（Mäntsälän lukio）當交換學生，體驗芬蘭教育的過人之處，回台灣後把這一年的經歷和感受集結成一本書《GO! 來去芬蘭上課》。

不管是離開安逸的舒適圈遠走他鄉，還是初次嘗試寫作，這整個心路歷程在我的青春記憶裡留下了深刻的烙印。

期間，我仍斷斷續續和芬蘭的朋友保持聯絡，得知他們在高中畢業後竟然很少人直接上大學，而是停留一段時間盡情體驗人生：嘗試不同的打工，出國遊學，甚至去進修自己的興趣和專長，等到覺得自己準備好了，才考慮繼續升學。

他們不急著定位自己，而是藉由所謂的空檔年（Gap year），好好想清楚自己適合做什麼？要的是什麼？然後才去規劃人生的下一步。

一開始聽到這樣的狀況，我十分不解與好奇。高中畢業後不趕快上大學念

教育，不該只深植在一條升學的道路上。面對未來，勇敢走出屬於自己的路！

書，取得學位後早早進入職場，這樣子不會落後別人嗎？

在思索這個問題的同時，我身邊盡是滿面愁容、辛苦奮戰的高三生們，每個人猶如懸梁刺股，爭取心目中的理想校系。但我發現多數人並不知道自己奮鬥的方向是否屬於自己。

忽然有一種強烈的感慨在我心中油然而生。

因此，我發願在高中畢業的那年暑假重新回到芬蘭，看看芬蘭人是抱持怎樣的態度與價值觀，來面對升學、面對未來、面對人生。

老爸也很支持我有這樣的熱忱和想法，決定贊助旅費，當做我的高中畢業禮物。

首先，我獨自飛往歐洲，和在大學到奧地利交換學生的姊姊會合，旅行一段日子，再前往芬蘭北部的首府羅凡尼米（Rovaniemi）與老爸相見。

老爸一直很想來到芬蘭，好好向那年的寄宿家庭佑卡（Jukka）一家人當面道謝，感謝他們無私且無微不至的照顧。

老爸和姊姊在與佑卡一家人見面隔天就返回台灣。

為期一個月的夏日芬蘭行，就是要再次讓我一個人去體會芬蘭這個國家的魅力。

這段期間我借宿在不同的朋友家，沒有太詳盡的規劃。我不斷詢問朋友們當前的生活計畫與未來展望，哪裡有不錯的拜訪機會就出發前往，目的就是要真實地貼近芬蘭年輕人的生活樣貌，希望從中獲取一些想法。

在這說長不長、說短不短的流浪過程裡，我從沒想過自己能獲得這麼多的啟發。許多事情不親身經歷，許多傳聞不親耳從當事人口中聽到，是不會有什麼感觸的。

我不停思考、反問自己，並且嘗試設身處地用不同的角度去看一件事情。在芬蘭經歷每一個際遇故事後，我總會反思：「那麼台灣呢？我們又抱持著什麼樣的觀念？」

久而久之變成了一種反射性的自然。

不知道從什麼時候開始，我發現自己比別人多愁善感，也因為這樣的個性，讓我常常會想很多。但是，在台灣，想太多通常不會有太大好處。

我所希望的，就是藉由芬蘭帶給我的影響，把「想」這件再簡單不過的大腦動作融入我們的「教育」和「生活」當中。

教育即生活。是我在芬蘭交換學生一年和重返舊地一個月後，對於芬蘭教育理念的充分體察。

芬蘭和這片土地上的人們啟發了我，希望這本書也能帶給你們一些些不同的視野及想法。

楔子

旅行，是為了回家

我對升學主義下的教育環境沒有任何想法。以前，我總深深相信長輩、老師們口中說的：「學生把書讀好就好，其他的以後再說。」成功，自然而然會到來。

那時的我天真地以為世界上每個角落的學生都聽著同樣的一句話，直到親眼看見與我們截然不同的學習生活。

「要買手機？等你升國中才用得到，以後再說。現在先好好念書。」

「要交男女朋友？等考上好的高中自然會有很多機會。現在先好好念書。」

「想要騎車開車？等你考到某某大學我就買給你。現在先好好念書。」

我們的期待總是在等待，一直等到下一個階段的時候，卻發現自己又被騙了。

你不禁會發現，生活變得礬手礬腳，讀書這件事情像是青春的緊箍咒。想要

層層疊疊的課本、參考書、考卷，這就是台灣的高中生活。讀書不該是青春的緊箍咒，學習也不該只有一種樣子？

做點什麼不一樣的事情時，它就開始慢慢變緊，緊到喘不過氣。

有一天我突然開始懷疑：「難道這樣日以繼夜地苦讀，將來一定會功成名就嗎？我不知道自己真正喜歡什麼，也沒有餘力去探索自己的生活。」

我開始納悶，成長和受教育這些人生必經過程，應該是這副模樣嗎？

我們這一代人，是被安排著長大的。

懵懵懂懂的學齡時期，課表就莫名其妙被填得滿滿的。補習班、才藝班和聘請一流學府的家教是父母對孩子的珍貴投資，深怕失去了與這些相關名詞的聯繫，就會和這個社會脫節。

然而我們什麼都還不太懂，只能默默接受，漸漸盲從，最後習慣成自然。

寒暑假，其實就是課業輔導的奢侈代名詞。

在升學主義下打滾的人們最怕的就是落後他人，只要稍微一個風吹草動，這些人就一窩蜂地往同個方向鑽。我們相信，這樣的一個方向，就是通往成功的保證班。

我們這一代人，是被整體社會環境給教壞的。

「你是明星高中畢業的，怎麼會讀私立大學？」常常聽朋友說起長輩對他們說這樣的一句話。

學校，在民主進步時代的台灣依然是一種品牌。學生是產品。他們企圖複製學校所交付的規格化知識，誰模仿得越像，就越得到社會的青睞；而那些剩下的瑕疵品就會被貼上不合格的標籤，等著被淘汰。

整個東方社會根深蒂固「萬般皆下品，唯有讀書高」的觀念，持續影響著我們的教育重心。

我們被教育成不懂批判、少了質疑、缺乏主動性、不會獨立思考的考試機器。

學校，在台灣像是一種品牌，而學生是產品。教育環境的框架與限制下，讓年輕的心失卻了顏色？

在青春繁花盛開的季節裡，我們盲目地埋首書堆，只為求一張漂亮的成績單，進入一間人人口稱的好學校，試圖取得一個、兩個甚至三個閃閃發光的文憑學位。這樣子才安心，認為自己的人生就靠這幾張白紙黑字了。

「從小的願望就是一路考到升學率好的國中，然後進入明星高中，目標是台灣最頂尖的大學。現在我很幸運地站在兒時願望的頂點，但不知道為什麼，我卻好像因此失去了某種動力，不想念書，不想精進任何能力，生活失去熱忱，成天渾渾噩噩，彷彿這所大學就是我人生的終極目標了。」我有個朋友有這樣的煩惱。

「從前我努力用功，現在我成為萬中選一的大學生，但為什麼到頭來卻如此不知所措？」他說。

我們的教育環境有太多的框架與限制，逐步地、無形地將我們推向困惑的漩渦，領悟到時往往為時已晚了。

所以，我們這一代人，都有在年輕時出走的理由。

∞

芬蘭這個國家，想來想去，我覺得只能用「樸實」和「務實」來形容。

首都赫爾辛基（Helsinki）內沒有任何一棟會遮住天空的高樓大廈，最高的建築物在第三大城坦佩雷（Tampere），還只是為了觀光客而建造的景觀塔和餐廳。他們人口不多，所以房子夠用就好。就像在學校的學習時間一樣，不多，但求效率。

從高中時期就開始自己選課，除了基本學科知識是必修外，剩下的學分課都能自己安排。芬蘭人相信，因為有熱情，才肯花心思去學習。

高中生一天花在課業上的時間平均是六個小時，芬蘭學生擁有充分的時間玩音樂、培養運動才能、探索興趣、玩樂，甚至發呆。

發呆是很重要的。

「獨處，是靈魂的試金石。」一個人的時候，你的心才有空間與自己對話。如果一天當中的時間完全被既定行程排滿，生活就像順水推舟般不停前進，航道偏了也停不下來。在台灣，被繁重課業佔據的學生們，幾乎完全沒有餘裕停下腳步，想想自己在做的事情，或者思考想做的事情，取而代之的只是不停地按表操課。

獨處、思考、壯遊，透過開闊的視野，
讓自己成為更好的人。

與自己對話，是對未來做準備。在芬蘭時，我有很多獨處的時刻，這個時候自然而然會開始思考，思考過去，思考當下，思考未來，思考任何事情。

作家蔣勳曾說過：「孤獨是一種沉澱，而孤獨沉澱後的思維是清明。」這種清明，便是引領每個人做出決定的正面能量吧！

台灣的小孩普遍缺乏的就是這種潛在的重要能量。

在出國之前我曾經環島兩次，第一次是國中畢業時以單車加汽車相輔相成下完成，第二次則是出走芬蘭前那個暑假和朋友搭火車旅行。我想好好認識自己生長的土地，這也是為了出國時的「思考」做準備。

身處在一個陌生的環境，一旦遇到狀況，心中的對照便會悄悄浮現。

經過比較，你會更認識自己的國家；接觸人群，你會發現自己的長處與短處；體驗異國生活，你會領悟到在家鄉原本微不足道的事情，對你來說是多麼的重要。

所以旅行，是為了回家。

曾經在胡晴舫的《旅人》書中讀到一則故事。

美洲的一個印地安部落裡，剛成年的印第安少年，其弱冠之禮是獨自一人逐放於人煙完全未至的原始深山。只帶一把弓和幾枝箭，幾近赤身露體與天地接近。或許幾天，或許幾個禮拜，年輕人會得到某種類似天啟的靈感，然後回到部落，宣布自己的啟蒙。從此，這名年輕人正式成為部落的重要成員，共同參與決策及獵捕行動。

她寫道：「對很多人來說，每一趟出遊，都像是尋找天啟的旅程。找到了天啟，回到部落，就能展示自己的優越性。」

我想，所謂壯遊的意義莫過於此吧！

《商業周刊》前幾年一篇關於壯遊的報導這麼解釋：「壯遊不是流浪，它懷抱壯志，具有積極的教育意義。它與探險也不太相同，壯遊者不限於深入自然，更深入民間，用自己的筋骨去體驗世界之大。」

有人說，你這樣出去一年，又是這麼冷門的地方，一年後還是得回到台灣繼續升學，面對課業與大考壓力，緊湊的高中生活還是持續著。「沒有用啦，你這樣做簡直浪費時間。」

決定休學去芬蘭念書，誰都不敢保證這改變得了什麼，當下只是覺得能有這樣一段時間跳脫熟悉的環境，來到陌生異地看看想想，這樣便已足夠。

然而芬蘭這個寒冷又遙遠的國度，卻讓我對人生的不同面向體會更多。這裡

的人們因為自然環境，有著與台灣截然不同的思維方式，我得以從中省思自己過去的生活態度。

原來，我們可以試著透過開闊的視野，讓自己成為更好的人。

誰說生活一定要循規蹈矩，照著體制規範綁住自己的思想與行動？誰說必須選擇大家都認同、人人都嚮往的理想之地？凡事都在意料之中，這樣的人生豈不是沒有挑戰性？

這個特殊的經歷，擴展我許多不同的想法，這些收穫無法量化與細數，因為它們已藉由這趟生命歷程，逐漸融入成自我的一部分，這是待在原地無法達到的。

與其原地踏步，何不出去闖闖，任何地方都好，找尋屬於自己的一段生命歷程，從中領悟和學習。

一趟旅程，能帶給一個人多少影響？世界有多大，人就有多渺小。

離開自己的舒適圈，出發去壯遊吧！你內心的小地球將會反轉，你會重新認識你自己。

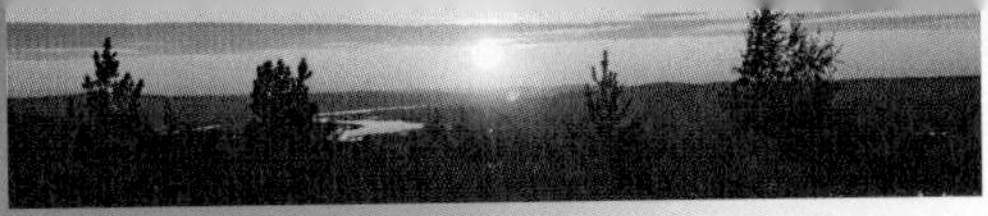

第一部 行動力

視野，何其重要。你永遠有辦法從任何一個地方或任何一件事上，看到自己不曾看到的東西。付諸行動，就會有所收穫。

我們繞了地球一大圈，最終在遠在天涯的芬蘭北部大城——羅凡尼米（Rovaniemi）相會。和姊姊一路從英國倫敦奔波至赫爾辛基，再輾轉飛往這座地理位置懸在北極圈上的城市。

一整天舟車勞頓，對我來說旅途中的心情五味雜陳。在倫敦的希斯洛機場飛往赫爾辛基的候機室裡，耳邊響起睽違兩年多再次聽見的芬蘭語交談聲，彷彿昨日的我還是那個青澀膽怯的交換學生，等待著進入陌生的國度。

但說真的，剎那間我好像有種回到家鄉的感覺。在芬蘭只生活了一年，卻有如此心境我也頗訝異。也許這個樸實的國家就是有一種迷人的魅力。

仔細一聽，芬蘭人念念不忘的還是天氣這件「大事」，任何的細微變遷都能引起他們的興致而討論許久，像關懷老朋友的近況般掛念著。

芬蘭地圖。跟著書裡的足跡，簡單認識芬蘭的幾個重要城市，以及與鄰國的地理關係。

往羅凡尼米的班機上，唯我和姊姊兩個東方面孔，其餘幾乎全是芬蘭人。穿著天藍色圍裙的空姐輕鬆地和乘客們有說有笑。

面對我們時則親切地換成英語：「需要咖啡還是茶呢？」

「kahvi, kiitos.」我一時技癢，想檢驗自己的芬蘭語程度是否還行，於是用芬蘭語跟她要了咖啡。

原本她還遲疑了一會，懷疑是否我的英語不標準，當我正想再說一次的時候，她隨即會意也用芬蘭語說：「噢！咖啡！好！」聲音忽然拉高了好幾度，面帶驚訝，沒想到我會說芬蘭語。離開時她沒多問什麼，只對我笑了一笑。芬蘭人本來就不多話。

降落時天空灰濛濛的，像是蓋上了一層布滿灰塵的紗布，細雨綿綿。七月的羅凡尼米令人感到些微寒意。老爸開著租來的車到機場接我們姊弟倆，是手排的，所以很不習慣。但芬蘭人似乎對手排車情有獨鍾，身邊開車的朋友幾

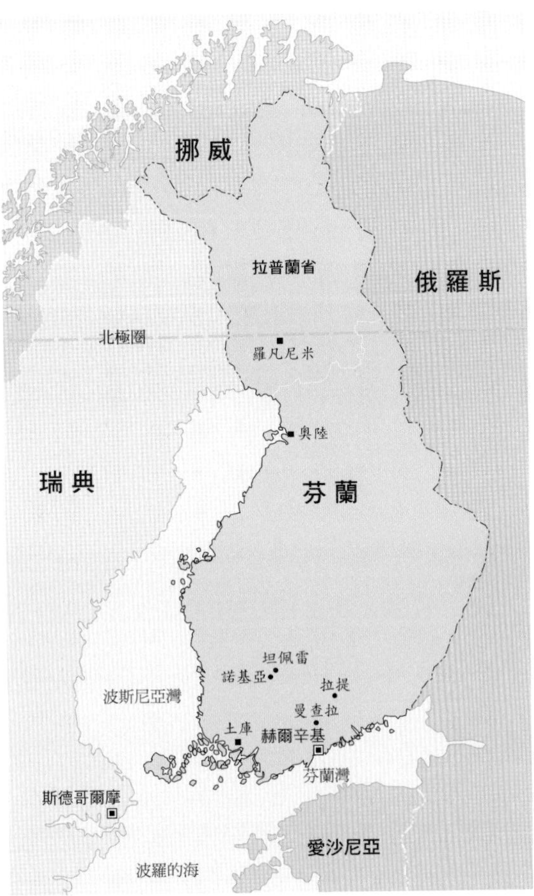

乎全是開手排車。我曾問過為什麼，「這樣子才有在開車的感覺。」他們對任何事情都有一定的原則，然而「感覺」很重要。

羅凡尼米是芬蘭北部拉普蘭省（Lappland）的首府，區域之廣可名列世界第五大城市，人口卻不到六萬。他們當地人總是開玩笑說，這裡的馴鹿比人還多。市區很迷你，一間百貨公司、銀行、幾家飯店和酒吧、中國餐廳、SUBWAY，還有全世界最北端的麥當勞。離市中心廣場幾條街之遙依著一條河流，很現代也很自然。

拉普蘭省因位處高緯度，人煙稀少，自然環境未受到污染，觀光業十分發達。冬季的極光與夏天的午夜太陽是兩項最吸引遊客的景觀。這裡的冬天總是人滿為患，觀光客的數量遠超過在地居民。冬季旅遊，幾乎是整個拉普蘭省的經濟命脈。滑雪、雪地競走、馴鹿雪橇、聖誕老人村、極光，或者單純想要體驗零下四十度的冰天雪地，所有關於寒冷的瘋狂活動這裡都可以找得到。冬天長夜漫漫，但整個拉普蘭地區似乎卻正在這個時候甦醒過來。

夏天的羅凡尼米是個名副其實的「不夜城」。這裡的人捨不得睡覺。一年三百六十五天中幾乎一半的日子都在黑夜中生活，因此夏天的日光對羅凡尼米人非常重要。

馴鹿餐與午夜夕陽

斜陽、樹影、落地窗，營造出令人賞心悅目的用餐環境。

午夜時分，從飯店的陽台往外望出去，天光依舊。廣場上不時有三三兩兩閒晃的年輕人或散步的老夫妻，不做什麼，就單純地享受夏日的涼爽與明亮。

一直很想來到這樣子的一個地方，能看到午夜夕陽的壯麗美景。我們多方蒐集資料，找到一家位在山丘至高點的飯店，希望在那裡享受道地的北方餐點，同時等待午夜的夕陽。

老爸不熟練地開著手排車，我稱職地拿著地圖當領航員，車子一路爬上山，姊姊在後座心驚膽戰。這家飯店沒有金碧輝煌的外觀，連大門都只是小小的兩扇玻璃門，還不是自動的。木造的建築，乍看之下頗像工廠。車停妥後，我們發現房子旁邊竟然有滑雪場的纜車和滑雪軌道，進去一問才知，冬季的時候這裡可是一間人山人海的滑雪度假中心。現在是淡季，只開放餐廳、酒吧和觀景平台，幾乎都是散客。

循著階梯上二樓，一進餐廳讓人為之驚艷。整片大如牆面的落地窗把餐廳團團圍住，接近晚間十點，微微略沉的斜陽穿透白樺和松樹的雜林，碎花般地灑在餐桌上，讓潔白無瑕的桌巾添了些許躍動的圖騰。秋冬的時候，當樹葉都掉落光，便能從落地窗看到整片的山河美景。

服務生很年輕，大概只比我大一些些，當地人，一頭俐落的金色短髮。他操著一口流利帶點北歐式英國腔的英語幫我們點餐。菜單上有許多難以理解的

香料名稱，他都細心地為我們解說。最吸引我們的一道菜就是馴鹿肉。馴鹿肉吃起來綜合了牛肉的香氣和雞肉的口感，帶點鮮甜的味道。餐點分量不多，但很精緻，用完後讓人有十分意外的飽足感。

剛從奧地利念完書的姊姊說這裡有許多德國人，其餘座位的客人輕聲細語地交談著，但仍能隱約分辨語言的種類。

「所以，我們這趟羅凡尼米之旅，算是姊姊交換學生一年的最後一站，弟弟的高中畢業旅行外加舊地重遊的前哨站。兩個人回國後都要繼續展開新生活，姊姊要完成學業，弟弟要開始上大學。我這次就捨命陪君子小姐們，盡情享受吧！」老爸忽然感慨地說。

這次的旅行老爸只負責出錢及考慮安全性，行程全交給我和姊姊負責規劃。

「對啦，都苦讀了那麼久，也是時候該享受了。」我說。

「你也別太放鬆，這次來到芬蘭是有任務的，記得吧？」老爸叮嚀。

「當然了解，只是我不確定回到曼查拉的一個月當中能看到什麼。我只知道他們高中畢業後都在到處打工，沒有人直接上大學，這好像是理所當然的一件事。」

「不確定最好。抱著一顆懷疑的心，去體會、比較台灣和芬蘭的差異，不確定才有動力去理解。」

「可是我連第一個落腳處都還不確定耶……」

「自己想辦法。」老爸像是命令般地回答。

談話中人群漸漸散去，大家都往餐廳上方的觀景平台移動。上頭幾乎全是剛剛用餐的客人。若沒看時間，很難相信現在已經接近晚上十一點。

天空仍舊湛藍，太陽躲在大片雲朵後面，雲彩被映得層次分明，立體萬分。氣溫也隨著太陽的西沉慢慢往下掉，冷得令人發抖，外國客人們卻幾乎人手一大杯冰啤酒。

老爸不知為何和一個外國老人談起話來，只講了幾句便吆喝姊姊過去。老人是德國人，英語不太溜，便找姊姊來幫忙翻譯。

「你們是從哪裡來的？」老人問。

右：滋味難忘的馴鹿肉。
左：晚上十一點的觀景平台。客人或喝酒聊天，或等待著「午夜的夕陽」。

「台灣。」

「噢，台灣！我知道蔣介石。」

老爸立刻拿出 iPad，秀出許多台灣的照片。都市、古蹟、街道，以及我們家鄉「橫山」的田野風光。我和姊姊頓時對看一眼，「又來了。」

老爸因為工作的關係，一直都有機會遊走世界各地，他尤其情鍾瑞士。原因很簡單，瑞士和台灣一樣多山，山間有許多甚至比台灣山地部落還小的村莊，卻能讓世界各地的觀光客慕名而來。他曾試圖分析這個情形。

瑞士人懂得利用既有的自然資源，建立完善的交通系統與行

銷機制，有效率地將軟體和硬體結合，取得發展國際化和保留在地特色的平衡點，使得外地人願意千里迢迢花鈔票來到小村莊消費。

瑞士最令人驚艷的是高品質的登山纜車，古老的軌道和現代新穎的車廂，交融出一種新舊並存的奇妙美感，而沿途風景的壯麗更不在話下。

這些錯綜複雜、深入山區每個角落的纜車線路和軌道，在一百多年前就已經存在，這是先人的努力和遠見，加上現今瑞士人的保持與規劃，才能交織出如此完善的觀光產業。

台灣擁有不輸瑞士的美景和豐富資源，但從來沒有好好加以規劃及運用，名勝景點附近出現的是千篇一律的攤販和馬虎破舊的設施。遊覽車、自小客車、機車、行人爭道，經常呈現雜亂無章的景象。

多年前，老爸成立了「橫山論壇」，不時邀請各方好友集思廣益，希望從自己的家鄉做起，效法瑞士山村的概念，保留在地的傳統與資源，發展具有世界級視野的「特色鄉村」，而不再是商業利益濃厚的規格化景點。

人潮出現，就能製造工作機會，進而帶動鄉村的建設及發展。

芬蘭的午夜夕陽。北極圈城市的永晝與永夜，對當地人來說是順應大自然，對我們來說總是充滿迷人想像。

「這會是條漫長而辛苦的路。」老爸說。畢竟瑞士在這方面領先了我們一百多年，現在能做的也只是一點一滴的累積。

和姊姊對望一眼即明瞭，老爸碰到了外國人，又要開始推薦他的遠大計畫了。

與老人同行的友人全都靠了過來，目不轉睛地盯著螢幕上的台灣鄉村美景。過了午夜，遠方的天空依然呈現迷人的淡淡青藍色，小如米粒的太陽輕輕倚在天際線的小丘上，將周圍漸層地染成一片橘紅，彷彿宣紙上暈開的墨般迷濛。

凱米河一日體驗

隔日，我們到旅客中心蒐集資訊，希望能找到一些有趣的行程。其中有一個「canoeing in the midnight sun」非常吸引我們。突然發現，好像任何有關於「午夜太陽」的字眼都充滿了吸引力。這個行程時間約三個小時，每人收費六十五歐元。老爸說他老骨頭玩不動了，但還是在半推半就下答應也一起去。

與導遊相約晚上八點在飯店門口見。來接我們的是一位留著絡腮鬍的中年大叔，有著圓滾滾的啤酒肚。我們坐上一台很普通的自用小客車，完全不像是用來載遊客的，讓我開始有一點懷疑這個行程的品質。不過司機大哥的英語很標準也很流利，這在芬蘭早已司空見慣。交談過後才發現，原來他不但是司機，也是我們的導遊馬帝（Matti）先生，而我們三個也是這次行程的唯一一組客人。馬帝說，他的行程本來就是規劃給小團體，他不喜歡人太多的感覺，一次頂多只帶五、六人。而且，一個人也出團，他強調。

馬帝在羅凡尼米出生，五歲時舉家搬到德國生活，直到二十一歲才回到芬蘭服兵役。在奧陸（Oulu）的大學完成學業後，馬帝回到羅凡尼米開啟他的觀光事業。他也曾經在私人的語言中心工作過，不過幾年後發現自己還是鍾愛於拉普蘭的自然環境。

他熱愛大自然，划船、健行、釣魚和狩獵都是他平常的休閒活動。因為熟悉，進而成為專家，結合興趣與工作，並認真思考創業的可能性。一九九二年他成立了自己的一人公司「Arctic Adventure Treks」，提供來到拉普蘭自助旅行的遊客許多道地的 package 行程。針對季節、對象需求，有不同的路線和玩法。

車子漸漸遠離市中心，窗外一片荒蕪，放眼盡是泛黃的麥田、參差的樹木。一個彎，轉進一條小道，兩旁是散落的住宅，我們在一間木造小屋前停了下來。

庭院綠草如茵，許多不知名的野花點綴其中，而庭院的盡頭竟是一座貨真價實的大湖。

原來這間木屋就是「Arctic Adventure Treks」的總部，也是馬帝先生的家。車庫裡除了生活雜物外，堆滿了帶團外出所需的各式器具。他拿了三件救生衣，領著我們到岸邊整裝，解釋划船的操作方法及安全須知。

「自家前面能有這麼美的一座湖，真是夢寐以求的一件事啊！」老爸看著眼前的景致感嘆。

「哈哈！真的是很棒。」馬帝滿意地笑著，「其實這是芬蘭最長的一條河凱米河，長達五百一十二公里，我們正在其中一條支流上，待會兒就順流而下，到達休息的營地。」

四人分乘兩條船筏，趁著依舊不習慣的晚間明亮天光出發。

河面如鏡，對稱線般分割天地，倒映著天空的藍、日光的艷和陰暗分明的浮雲。我們在水面上順流滑行，卻如漫步雲端，置身天堂。河面漸寬，水道不見盡頭，岸旁擁擠的針葉樹聳立而起，將視線團團圍住。

溫暖的陽光沐在臉龐，倏忽間我只感到人似滄海一粟。沒有人說話，大家就望著遠方，靜靜地划。只有水的流動，將思緒翻攪。

船筏入水，大自然的洗禮即將起航。導遊馬帝的準備身影在湖光水色的映襯下，也有如畫的美感。

此刻，我感覺彷彿整個人，不管是身或心，都被大自然的一種帶著莫名寂寞感的憂傷緊緊擁抱著。

萬籟俱寂，唯一美中不足的是偶爾從遠處公路傳來的行車聲。原來我們已靠近營地。馬帝換上一身迷彩軍裝，熟練地升起火堆，為我們準備夕陽下的一餐。隨地撿起草叢旁散落的樹枝，削成尖錐狀，直接插上芬式香腸，圍著營

（攝影／陳香綾）

火，就是芬蘭最道地的烤肉方式。喝著馬帝從家裡泡好的咖啡，搭配黑麥麵包和芬式香腸，我們望著眼前漸沉的太陽，細細咀嚼與回味被染成炫麗橘紅的河面。

營地的另一端停著一輛旅行車，為了拍張合照，姊姊去請他們幫忙。「欸！我去請他們幫忙拍照，結果對方一直問我喜不喜歡喝酒，他要拿酒來送我們耶！」姊姊三步併兩步地嚷著回來。

旅行車的主人是一對來自義大利的夫婦，男主人熱情幽默可愛，女主人不會講英語所以溝通上有點困難，不過始終帶著微笑，比手畫腳也要跟著一起聊天。他們從義大利一路開著旅行車穿行歐洲玩到芬蘭，強調如果我們去義大利的話，一定要到他的鎮上去拜訪。離別前，他送我們自製的白葡萄酒。他自誇這是全世界最好喝的私釀酒，我和老爸一直客套地附和著他。

回到飯店後抱著遲疑的心態淺嚐一口，嘴裡的餘味在那晚竟一直迴盪不去。

生活即工作，工作即生活

旅行一直是充滿魅力的，正在於它的未知和陌生，從不熟悉的人事物中，你永遠可以得到一些在規律生活中無法獲得的啟發，即使是多麼微不足道的感

右上：我們的野地晚餐全由馬帝一人張羅。
左上：芬蘭最道地的烤肉美食：芬式香腸。
下：旅行的魅力，莫過於與陌生的人事物邂逅，讓自己對這個世界多了解一些。

受。

老爸很愛這趟羅凡尼米行，感觸很多。拿馬帝先生的嚮導行程來說，沒有任何華麗的景點，就單純地領著我們繞了凱米河一小段，裝備陽春卻實用、安全，簡單的咖啡和點心，有美景相伴。重要的是，這就是馬帝日常生活的一部分。

開設「Arctic Adventure Treks」這個公司，就像是邀請一些陌生人加入他的休閒活動一樣。結合興趣，他實現了生活即工作，工作即生活。

記得老爸曾問過他會不會出國玩？「我不喜歡出國，甚至很少離開拉普蘭。我的工作就是在玩。」他表情自然，語氣卻略帶得意地說。

「如果我來學學馬帝先生，你覺得怎麼樣？」回到飯店房間後老爸這樣問。

「怎麼說？」我問。

「我的客群主要是外國人。首先，客人搭高鐵到新竹站，我開車接他們到家裡，參觀傳統的客家三合院。接著前往橫山村的大山背廟宇拜佛，鳥瞰鄉村風貌，吃吃烤香腸，搭配著名的東方美人茶，小繞一下山間古道。再來騎自行車下山，回到家中享受道地的客家料理，甜點是客家發糕。五個小時，每人收費一百美金。」他滔滔不絕地介紹他的行程。

河面如鏡，雲霞在天空，也在水裡。
水天共擁一色，仿如人間天堂。

「很棒的理想。但是你覺得你做得起來嗎？」我調侃他。

「退休後就開始，別小看我。」老爸一臉自信又帶點滑稽的語氣回答。

遠走他鄉，看瑞士山村的發展，受芬蘭當地嚮導的啟發，老爸透過經驗的累積和觀察，逐步拼湊並省思「橫山論壇」的可能性。

行動激發想像，想像促使行動，這樣不斷地循環，總會激盪出意想不到的靈感。

說不上為什麼，經過短短幾天的旅程，我開始覺得，旅行的意義不在於「多」，而

是「長與深」。就好像一段感情，最令人回味無窮的部分往往是那些最純粹、真實的種種感受。

離開羅凡尼米的前一個晚上，我們靜靜地坐在離飯店不遠的河岸邊。望著眼前被午夜夕陽襯托的小城剪影，美得讓人震懾。

我腦中忽然浮現馬帝先生的臉龐。真的，想離開也難。

右：芬蘭的美，夕陽下的凱米河（上）與羅凡尼米城剪影（下）。
左：台灣的美，從大山背鳥瞰橫山村。

熱情打造可能
佑卡的度假小屋

窗外的風景快速後退，列車內卻平穩寧靜地令人昏昏欲睡。超過一千公里的路程，十個小時的車程，悠閒地搭乘長途火車返回芬蘭南部，其實是一種放鬆的方式。

坐在雙層車廂的上層，居高臨下望著模糊的景色移動著，彷彿整個世界在腳底下奔跑。

車廂內明亮舒適，座位寬敞，窗旁有插座提供筆電或手機使用，讓漫長的旅途能夠享有自己的娛樂空間。旅客不多，空氣中似乎散發著一種慵懶的訊號。我看著書，耳邊偶爾傳來自己或其他人翻閱書報的聲響，累了就望向窗外發呆。這樣的氣氛適合獨思。

結束一年交換生後回到台灣，曾有一段困難的磨合期。原來熟識的同學們升上了高三，艱苦地面對升學考試，生活圈的交集慢慢消失。

新的環境裡依舊充滿繁雜的課業，而大部分課程都是那些填鴨式教育下的無

趣知識。但是不學不行，考試會考。不考不行，沒有學校念。

那時的我有一種無可奈何的無助。從台灣升學壓力下的教育環境出走，來到芬蘭體驗自由多元的學風，回到台灣又得假裝什麼事都沒發生似地繼續接受填鴨式教育。我知道、也親身體會過念書不該是這麼痛苦且被動的一回事，但現實無論如何都無法輕易改變。我像是被兩股力量——反抗或接受——不停地拉扯著。

有的時候我感到很孤獨，寂寞就像黑洞一般，一點一滴從我身上拿走些什麼。不是因為我一個人，相反的，在嘈雜的教室裡這種感覺更加強烈，是一種格格不入的逃離感。我會偏激地自怨自艾：當初為何要出國，出去了又為何要回來？

這樣的尷尬處境，連老師都感嘆，要我努力撐著。

那段時間對我來說也是另一種磨練。我很想念芬蘭的種種，卻又不明白為什麼，只不過當交換學生一年而已，何必把情感放得那麼重？何不把它當成是一場夢就好。

芬蘭的經歷確實深深影響了我看事情的方法。是好，是壞，當下我無從得知。即使因為視野的開拓讓我在自身環境中有些坐立難安外，我仍慶幸自己看到了比別人多一點這世界的樣貌，而不是在無知的狀況下盲目前進。這一點我

長途火車上的餐廳與餐點。

真心地為自己感到開心。

賴在舒坦的列車座椅上，我靜靜地想著，這些都已經是過去式了，如今要前往人生的下一個階段，到底該如何定位下一個自己呢？

曼查拉舊地重遊

火車緩緩進站，曼查拉（Mäntsälän）到了。前寄宿家庭的爸爸佑卡（Jukka）站在月台上。

「嗨！Henry，你好嗎？」聲音和笑容既熟悉又陌生。媽媽海莉亞（Heljä）給我一個熱情的擁抱。老爸和姊姊卻是第一次和他們見面。

從台灣出發前，老爸就決定要買一組好的茶具和上等茶葉送給佑卡一家人，好答謝他們對我的接待之情。寄宿在他們家中的那一年，佑卡特地調整他的工作內容，只求空出多一點的時間陪我體驗芬蘭的生活，讓我十分感動。

這個暑假來芬蘭前，拜訪的時間遲遲未談攏，因

上：老爸擺出整套茶具，與佑卡、海莉亞分享台灣的飲茶文化。
下：佑卡與海莉亞。攝於普爾沃（Porvoo）。

為他經常在不同的歐洲國家開會。

抵達佑卡家後，不免俗的，一定要好好參觀簡單氣派又有巧思設計的房子及設備。雖然已聽過我口述，但親眼見到時老爸和姊姊卻還是驚嘆連連。

相隔兩年，重新回到這個曾經待了十個多月的「家」，忽然有種時空交錯的

曼查拉教堂。曼查拉最著名的地標與歷史象徵。

錯覺。彷彿昨夜我仍賴在軟綿綿的單人床上，愚蠢地想著明天該不該因為零下十度的天氣還得走路上學而失眠。有種熟悉感，連在廚房拿餐具都如此順手；也有種陌生感，因為景物依舊，而我卻以全新的身分和心情來到這裡。

曼查拉小鎮沒什麼大改變，卻小有建設。鎮上的超市正在擴建。

芬蘭的超市挺有趣的。主要的超市集團只有三個，「K supermarket」、「S market」和「Lidl」。居民基本的食材採買幾乎都只到這些地方去。其中又以K牌超市規模最大，分店最多。

K牌超市還分等級，依照城鎮的規模，或超市所在的區域，由小到大有「K market」、「K supermarket」和「K citymarket」之別，從只販售一般民生用品和食材的普通超市，到有咖啡廳或速食店的複合型超市，而 Citymarket 便類似結合超市和購物商場功能的量販店。所以，從超市的規格就能大略掌握這個區域的繁榮度，而曼查拉將從 Supermarket 升級成 Citymarket。

「這裡的人口近幾年漸漸在成長。」佑卡說。自從二〇〇六年來往於首都赫爾辛基和拉提（Lahti）之間的區間車通行後，搬來郊區居住的人就愈來愈多了。

曼查拉位在兩座大城之間，區域廣大，環境清幽，又不失生活機能，通勤時間只需要半小時到四十分鐘，更是許多人的首選。全新的公寓大樓和平房別

白天和夜晚的小城景致。曼查拉有鄉村的寧靜，也有城市的便利。

墅因此拔地而起，呈現與記憶中相異的小城風貌。

曼查拉是南芬蘭州內的一個自治市。

「曼查拉的市長是誰？」對任何問題都充滿好奇心的老爸問。佑卡皺著眉，遲疑了幾秒鐘，好像從來沒被問過這個問題。

「我不知道。」他認真地回答。

「所以你都不去投票？」老爸有些難以置信。

「我從來就對政治議題沒什麼興趣，曼查拉到底換過幾任市長也不清楚。」他聳聳肩，一副無所謂的樣子。

車子平穩地行駛著。佑卡和海莉亞帶著我們一家三口去參觀他們今年才剛落成的度假小屋（芬蘭語叫 mökki，或是英語說的 summer house），就位在距離曼查拉家不到半小時車程的地方。

「家裡就很舒服了，為什麼又再花錢蓋一間小屋呢？更何況距離這麼近。」我不解。

「這是一種感覺。來到另一個空間，就不是家了。很多事情你在家裡沒辦法做，或是很多事情你在家必須要做。來到度假小屋，你可以待一整個週末，就只是靜靜地發呆、思考，什麼事都不用管；也可以把工作帶來，享受不被打擾的效率。」佑卡認真解釋給我們聽。

就像很多人在自己房間裡沒辦法讀書，要到咖啡廳或圖書館才可以的道理一樣。換個環境，做事情的態度和心情也會隨之改變。

小屋位處深林中，內外皆是木質建材，樓中樓設計，備有不可或缺的「桑拿」。很典型，但令我驚訝。因為小屋大部分都是佑卡自行設計和建造的，只有水電等需要聘請專業技術人員。

「他很喜歡自己動手做東西，在家裡常常聽見他在敲敲打打。」海莉亞說。

上：佑卡親手打造的度假小屋。
下：度假小屋內舒適的起居空間。

「可是我記得佑卡是學化學的啊，現在的工作也完全是不同性質，他是怎麼學會這些技能的？」

「單純因為熱情啊，他從很久以前就開始自己摸索。看書，到材料行詢問，一步步累積經驗，久而久之就會了。我雖然沒什麼興趣，可是看他這麼熱中，又需要人手幫忙，只能陪著他囉。」海莉亞笑著解釋。

佑卡告訴我，他的下一個計畫是在家裡的院子蓋一間戶外桑拿。

「想像在冬天零下二十度的時候，擺脫厚重衣服的束縛，舒服地躺在桑拿裡享受蒸氣的薰蒸，然後望著窗外一大片銀白，多麼美妙啊！」後來一起去參觀模型屋時，他一邊檢視模型的細節一邊感嘆地說，雙眼散發出如孩童般的天真，好像在期待自己下一個要買的新玩具。

洗完熱呼呼的桑拿浴，全身的毛細孔都像在呼吸著，懶洋洋令人昏昏欲睡。一夥人賴在沙發上聊天，大口灌著冰啤酒。窗外的天色漸漸暗了下來，室內泛黃的燈光顯得更為溫馨。

我發現佑卡並不是所謂的政治反感或冷感，而是將生活的注意力聚焦在自己和家庭身上。

「如果一個人像他一樣積極地爭取生活、享受生活、知足惜福，那麼市長是誰對他來說一點也不重要。」老爸在回程的車上這麼解釋給我和姊姊聽。

芬蘭年輕人怎麼想？

和老朋友迪莫（Timo）相約在一個艷陽高照的下午，藍天白雲，清風徐徐。迪莫今年剛升上高二，和我就讀一樣的曼查拉高中，但我們卻不是在學校裡認識的。他們一家人曾是佑卡家的鄰居，感情不錯，時常來拜訪。

「什麼風把你給吹回來啊？芬蘭美女嗎？」迪莫一見到我就開玩笑。兩年前稚嫩的男孩已長得人高馬大，變成一個留著小平頭、蓄著淡淡絡腮鬍的個性帥哥。

天氣好到讓人捨不得進屋內，我們漫無目的地在街上遊蕩。

「我來度假的啊，撐過難熬的高中，現在終於有種自由的感覺了。那你呢？學校裡如何？」

「無聊透頂。」這是全天下所有學生的相同抱怨。

「別這樣，你身在福中不知福。」我用手肘頂了他幾下。

「沒課的時候就發呆或打電腦，放學後不是彈吉他就是去上柔道課。幾乎每個週末都喝得爛醉。」他裝作秘書向老闆報告每日行程的正經模樣。

「你知道我們台灣的高中生每天從早到晚的行程嗎？」

「我懂啦，你講過。補習、夜讀一堆什麼什麼的，累得要死。」他接著問，「既然芬蘭這麼好，如果給你重新選擇，你想在芬蘭完成高中學業，甚至直接在這裡考大學嗎？」

我遲疑了一會兒。「不要。」

「為什麼？」

「這裡的東西太難吃了，還是在台灣生活比較方便。更何況講自己的語言比較爽。」

「哈哈，也對啦，到頭來還是會認為家鄉是最好的。」迪莫笑著說。

舊地重遊，思緒萬千。說起來矛盾，回到台灣的頭幾個月，我巴不得能繼續待在芬蘭念書；而此時此刻重新踏上這片土地，那種強烈的感覺卻消失了，或許是身分的不同和那種脫離苦海的私心作祟。但我曾經那麼認真幻想過，

好友迪莫。芬蘭的年輕人既自在也自信。

如果芬蘭這種以「人本」和「務實」為基準的教育理念落實在台灣，我們的學生將有多幸福，我們的未來會更加不可限量。

結束交換生活回到台灣後，我仍然覺得自己在芬蘭看得不夠多也不夠深。當別人問起，芬蘭高中生怎麼考大學？年輕人怎麼培養視野與能力？芬蘭人如何看待學歷？……我總是無法給個明確的實例與答案。

某個為大學考試奮鬥的夜晚，我收到一封來自芬蘭朋友的訊息。他詢問我的近況，告訴我高中畢業幾個月的他即將入伍當兵，也分享其他朋友的近況給我聽：央娜正在藝術學校進修，艾佛莉娜在藥房實習，艾蓮娜去法國迪士

尼打工，艾莉絲在我離開後也到巴西當了一年交換學生。

芬蘭的年輕人似乎都有自己心中嚮往的目標，並且極力去追尋。但這也僅只於我單方面的猜測。

「那麼我呢？面對這些死板的教科書和參考書，我到底能學到什麼？芬蘭朋友們為什麼會有這些人生規劃，而這些經歷到底對他們有什麼幫助？」這些問題一直在我腦海迴繞。

我深深覺得應該再次踏上芬蘭，親自去化解心中所有的疑問。

和迪莫走著走著，我們來到一家市區與住宅區交界上的雜貨店。

「幫我進去買包菸。」迪莫才十七歲，沒辦法自己去買。我瞪了他一眼，他求我，我還是進去了。

「你知道將來大學要念什麼了嗎？以後想做什麼？」我問。

「不知道。」他緩慢地吐出一口繾綣的煙，慵懶地倚在店外的鐵欄杆上，「但，時間還很多，我可以慢慢想。」

和煦陽光下，我們沿著足球場散步。足球，在芬蘭是僅次於冰上曲棍球的熱門運動。

有一種資產，叫做視野
艾莉絲的巴西體驗

來到曼查拉的第三天，我借宿在朋友費拉（Vera）的新公寓。天氣微涼，傍晚時分，費拉帶著我還有她的好姊妹意塔（Iida），正步行前往某處，不知道要做什麼。

「我們今天到底要去哪裡？要幹嘛啊？」從出發前我就不停地問，她們卻總是以神秘的笑容回答：「到了你就知道。」

途經一棟棟錯落的精緻平房，都有不小的院子。正值夏日時光，幾乎每戶都擺放著讓小孩子玩耍的彈簧跳台。穿越一片成排的樹林，從大馬路拐了個彎，繼續沿著小徑前進，路途中沒有遇見半個人。

我們來到一個院子比其他都還大了許多的一戶人家，寬闊的草皮上同樣擺著彈簧跳台。費拉和意塔領著我沿著前門旁的石階往下走，映入眼簾的是許多散落的玩具和庭院式的桌椅。

正當我們即將轉向到後院時，一群人「哇！驚喜！」的一聲，許多當年曼

曼查拉的森林小徑（右）。好友故作神秘，迎接我的原來是歡迎派對（左）。

查拉高中的好友全部衝了出來，一一和我擁抱。

原來這是我的歡迎派對！光是寒暄問暖就花了許久的時間，大夥兒笑得合不攏嘴。帶點生疏、驚喜、靦腆、感慨，總之五味雜陳的笑容。

「沒想到你真的回來了。」安妮卡（Annika）說，「感覺幾天前我們還只能隔著臉書交換彼此的消息，下一秒你就出現在眼前了。」

「世界變得很小對吧？」

「我總以為你要回芬蘭找我們只是說說的。你一定是很喜歡這裡才會回來吧？」

「太想念你們了啊！」我笑著回

答。忽然我發現這裡有幾張生面孔，不像芬蘭人，便小聲地問她。

「哦，這個說來話長。」安妮卡回答，「上禮拜我們一群女生到赫爾辛基玩，搭輕軌電車的時侯我爸爸打來，於是我開始用義大利語跟他講電話。」安妮卡是義大利和芬蘭混血兒。

「後來他們過來搭訕，說他們是從義大利來玩，順便參加朋友的婚禮，很驚訝我能說這麼流利的義大利語。之後我們帶他們到處看看，這週末沒事做就一起跟過來囉。」

「哦，這樣啊。」

安妮卡趁機向他們介紹我，三人說了各自的義大利文名字，我卻一個也記不起來。

「你們的派對好國際化喔，隨隨便便就能有不同國家的人。」我開玩笑說。

「哈哈，這也要歸功於你的到來啊！我們才有這樣的機會。」

「欸，對了，艾莉絲在我回台灣後不是也到巴西交換了嗎？如何啊？」

安妮卡揮了揮手要艾莉絲（Alesi）過來。她點點頭，順手抓了三瓶啤酒。這裡是她的家。我們一邊喝著酒，一邊坐在石階上說話。其他人也三兩成群地

國際化的派對。中間二人是來自義大利的朋友。艾莉絲（右一）曾到巴西當交換學生。

閒話家常，好像彼此也很久沒有好好地聊一聊，都因為歡迎派對而聚在一起。

「和你來芬蘭交換的原因差不多。」艾莉絲說，「其實就是想要親身去體驗一個完全不同的文化，愈遠愈好。學習一種全新的語言，然後從另一個角度看世界。」

「嗯，那妳覺得這趟巴西經驗印象最深刻的是什麼？像我對芬蘭感受最深的，就是教育和食物。」我問。

「足球文化吧！在歐洲，足球已經很盛行了；但在巴西，每當國家隊進行比賽的時候，就好像國定假日一樣。只要贏了比賽，市區街道總是擠滿了慶祝的人潮，大家彷彿失去了理智，這真的讓我感到前所未有的瘋狂！」

「還有，Henry，我想我可以理解你一開始在這裡生活的心情了。學習一個新的語言，最興奮的就是透過它一步步地融入環境。當你的語言能力逐漸成熟時，任何事情便開始順水推舟般容易了起來。我說的沒錯吧？」她笑了笑補充。

「真是說到心坎裡。」我回答。

「這趟旅程讓我開始認真思考很多事情。在芬蘭，完全看不到貧民窟，甚至沒有遊民和乞丐，但在巴西的每個大城市裡，貧民窟似乎已融入城市景觀的一部分，有些還變成了觀光景點。親眼看到這幅景象並了解狀況，使我更珍惜自己的生活。當我們不停抱怨的時候，很少想到這世界上有比我們更辛苦的人。現在我變得懂事了。」她繼續說，「回到芬蘭後，我想要結合語言、文化和旅遊繼續深造，所以到拉普蘭大學攻讀觀光研究。我想，這是因為巴西打開了我的世界觀，發現自己的興趣。」

艾魯（Ellu），艾莉絲的妹妹，中途也走過來聽我們的對話。「我真的覺得，走出去能體驗到的事情，絕對超乎你本身的想像。」她說。

「在艾莉絲回來後，我接著去了土耳其，那裡不是我的第一選擇，但後來想想，或許可以藉由親身造訪，改變對伊

斯蘭文化的偏見。期間，我也觀察到一些有趣的現象。在土耳其，男人和女人的地位明顯還是不平等的，她們沒辦法接受但也無能為力，不過卻在日常生活中常常表現出想要贏過男人的強烈意志。例如，當土耳其女人開車的時候，怒罵的比例似乎比男人高，就像在宣示自己也很有能力似的。」她笑笑地說。

「很有趣。我發現芬蘭的高中生好多人都有出國交換的經驗。艾莉絲去巴西，艾魯去土耳其，安妮卡去美國，勞拉去法國，還有約翰娜去了日本等等。這是一種風潮嗎？」我問。

安妮卡想了一會兒。「我不這麼認為。我們不會因為誰去過哪裡當交換生，就特別羨慕他。出去，就單純只是因為不知道自己想要做什麼，想要透過這個世界認識自己。如果你已經清楚自己的目標而且有了計畫，又何必浪費時間呢？」她回答。

「嗯，有道理。」

「我在美國時認識一個從中國來交換的女生。」安妮卡接著說，「她說她在中國的時候，每天的生活除了念書還是念書，她根本不知道自己念這麼多書到底為了什麼。來到美國，什麼運動也不會，流行的話題插不上嘴，穿著毫無品味。她覺得自己活像個城市原始人。原本她總以為拚命念書，考個好學

上：安妮卡（中）到美國當交換生。出走，是因為不知道自己想要做什麼，想透過這個世界認識自己。
下：艾魯（左）到了土耳其。想要開拓視野、放大自我格局，在十六歲到十八歲的階段最為精華。

校，將來就能出人頭地。但來到美國，她發現沒有辦法跟別人交流。沒辦法跟人交流，那怎麼成功呢？於是她漸漸改變自己的態度。」

「哦？後來呢？」我問。

「她留下來了，繼續讀高中然後升大學。她覺得那裡的生活方式才叫做人生，中國的升學主義環境太恐怖了，到最後會讀死人的。她這麼跟我說。」

視野，何其重要

在我芬蘭的朋友圈裡，我發現，幾乎一半以上的人在高中時期便有休學然後獨自出國當交換學生至少半年的經驗。就像安妮卡所說的，因為不清楚自己想要的是什麼，所以才要出走，藉由不同角度的世界觀和文化衝擊來認識自己。

然而，在台灣學制的認知中，休學多是家中有變故、學生不愛念書，或是不可避免的因素所做出的決定。在我們的教育體制下，事實上是不鼓勵學生在學期間走出去看世界的，不但觀念上有阻礙，連制度也不能配合。

當初在芬蘭念了一年的高中課程，因為教育系統和課綱的不同，完全沒有辦法抵學分，回來後仍得多修一年的課。返國後的磨合期和課程的銜接，都是

懂事又帶點童稚的青澀與好奇心，勇於體驗生活，這就是年輕。（照片提供、攝影／Janna）

影響學生考慮的原因。但在芬蘭，於國外期間修的課大多數都可以抵免國內學分的，這也使得他們更有意願為自己開拓國際觀。

台灣首先在保守的觀念下，年輕人擁有國際視野的機會就已經相對落後了，制度上卻也如此不夠彈性與支持。因此，在台灣想要出國磨練和體驗的中學生，總要下很大的決心和進行一番激烈的家庭革命。

那為什麼不等到大學畢業或念研究所時再出國呢？就可以避免掉這些因素不

是嗎？這也是一個選擇。但我認為，想要開拓視野、放大自我格局，在高中時，也就是十六歲到十八歲的階段最為精華。這個時期的可塑性其實是最高的，因為這是一段邁向成年的前哨期，懂事卻又帶點童稚的青澀與好奇心。一個人對於文化的反思、人格的培養及知識的吸收，程度的差異一大部分便來自於自身的可塑性，而在這個年紀接觸異國環境的衝擊，收穫將更難以想像。大學或研究所畢業後出去，能影響的多半是出社會後的想法與態度，因年紀較長，對於成長的啟發和人格的塑造不會有太大的影響力。

聽到這麼多不特定為了什麼而出走但有所成長的故事，我一直想著：視野，何其重要。

艾莉絲體驗了截然不同的巴西文化，進而找到自己的定位；艾魯試著在土耳其觀察男女之間的平等關係；中國女孩脫離了殘酷的升學主義，發掘自己認為更有意義的生活價值。而我，在芬蘭的就學經驗當中，重新思索教育該是什麼模樣。

你永遠有辦法從任何一個地方或任何一件事上，看到自己不曾看到的東西。付諸行動，就會有所收穫。

天色暗了下來，看了看手錶，竟然已經十一點多了。芬蘭夏天的白晝很長，在戶外常常會遊蕩到渾然忘我，不知歸返。

有些人臉上逐漸露出微醺的表情，走路搖搖晃晃，講話開始大聲起來。尤尼（Jouni）就是其中一個。他拿出哈密瓜香甜酒和一些瓶瓶罐罐，調了一杯酒請我喝，帶點氣泡的淡綠色，很香。

「不覺得人們其實在多數情況下一直在盲目地生活著，總要等到一個不經意的際遇，然後完全改變了你前進的方向嗎？」我喝了一口後說道。

「沒錯，而且那個不經意的際遇，可能是任何一個人、事或物。也許互不相干，也許環環相扣，而你前進的方向也不會永遠都是一致的。因此任何人生經驗和感官，都有一定程度的幫助。」安妮卡補充。

「所以，有一種無限可能的資產，叫做視野。」我緩緩道出自己心中最真實的想法。

芬蘭高中生一天花在課業上的時間平均六小時，擁有充分的時間探索興趣、玩樂，甚至發呆。

第二部

想像力

每個人都是一件藝術品。成就於豐富的生命片段，一段一段串聯並累積。而嘗試，是開啟創作的一把鑰匙。

上大學前，給自己一個Gap year

杜里的歡送派對

夜幕低垂，人潮湧至，場景在一個歡送派對。眾聲喧嘩，大夥兒觥籌交錯，祝今天的女主角杜里（Tuuli）一路順風。

杜里今年剛從曼查拉高中畢業，即將離開芬蘭一年到英國當互惠生（Au pair）。

「Au pair」一詞源於法語，意思是平等、互惠的。參與計畫的年輕人居住在當地的寄宿家庭，和他們建立一個互惠的生活關係。家庭提供互惠生食宿和生活所需，反之，互惠生必須幫忙打理家務和照顧小孩。有些人每個月還可以領零用錢。

這個互惠計畫在歐洲地區普遍流行，有點類似交換學生，只不過性質不同，比較像打工度假，但又能同時貼近當地居民的生活習慣與文化。

除了在本國工作，許多人也選擇像杜里一樣出國當互惠生。今年夏天，一位朋友艾蓮娜（Elena）也剛從法國的迪士尼打工回來。她們都認為，與其在芬

芬蘭的高中畢業典禮在五月舉行，熱鬧又特別。典禮前的變裝派對（右），畢業生搭乘卡車遊街慶祝（左）。（照片提供、攝影／Janna）

蘭工作，若要真正了解自己，就要到不熟悉的環境去嘗試新事物，因為挑戰總能激發某種力量。

芬蘭的高中生畢業後，很少人直接上大學。除了學制，觀念也是一大因素。修完高中一定的學分門檻後，若想要繼續升學的人，都要參加每年兩度的大學入學考試（Ylioppilastutkinto / The Matriculation Examination）。

考試主要分成四個考科。母語為每位考生的必考科目。再來，從第二母語、第二外語、數學、人文或自然通識四個項目中選擇三項來做測驗。此外，如果考生興趣多元，也能自行選擇加考選修課程的科目做為成績的參考。

第二母語、第二外語和數學這三項考試的內容有分級別。除了第二母語分為高級和中級之外，另外兩項都只有高級和初級的分別。這有點像台灣高中生到了高二時的分組制度。從入學開始，芬蘭的學生就針對自己的能力及興趣，對課程的級別做安排，在三個學年當中也可以調整，最後考期到時再依自己當時的情況報考。

母語考試有三種選擇，芬蘭語、瑞典語或薩米語（北部拉普蘭地區的原住民語）。考試內容主要在測試學生的分析能力和語言學概念，還有一小部分論文，評量表達、思考及整合語言的能力。母語考試的分數佔加權分數很重的比例。

第二外語除了英文，還有德文、法文、義大利文、俄文、西文。

數學考試只有十題，考生可以攜帶工程計算機和指定書籍進入考場應試。

人文自然通識有許多我們到了大學才會接觸到的科目：哲學、心理學、道德、歷史、社會科學、地理、物理、化學、生物、健康教育和宗教（路德教派、東正教）等。主要是以申論和簡答題呈現，測驗的是思考及運用能力，而不是死背的記憶性題目。

這麼多樣的考試內容，並不是要學生們樣樣都精通，而是提供他們多元的選擇空間，針對自己的能力和職業性向做測驗。

芬蘭的大學考試方式其實有點類似台灣的學測制度。依據入學考試的成績去報名自己想念的大學校系，然後再去各校系參加甄試。兩地最大的不同是，芬蘭的入學考試雖是進入大學的參考準則，但成績佔的比例低，有些大學系所甚至不參考，重點在於個別甄試。所以只要有心，人人有機會。

選城市不選名校

我曾問過芬蘭朋友，選擇大學的依據是什麼？他們說，一是想念的科系，二是城市。

「那學校呢？你們不考慮學校的名聲或是資源嗎？」

他們說，芬蘭的大學平起平坐，沒有排名，資源上不會有太大的差異。同樣的科系，在不同大學的教學方針下各有特色，學生可依照本身的喜好做選擇，而不是看學校的名氣。例如同樣是觀光類別的科系，因為地緣關係，北部拉普蘭省的羅凡尼米大學較著重在觀光產業發展與計畫的研究，南部的普爾沃大學則傾向理論與實作相輔相成。

在芬蘭，學生不會為了追求名校而擠破頭，更正確地說，名校不存在，過度競爭造成的學習壓力自然而然不會發生。

除了科系之外，他們多以城市的環境與風氣做為參考，不單單侷限在校園，而是把眼界放大，因為你不可能只生活在學校裡，與城市、社會的接觸，才是未來必須面對的挑戰。

令我納悶的是，芬蘭的高中生比起台灣這種緊湊制式的學習環境，已經有非常充裕的時間去認清自己的職涯志趣，但高中畢業後仍然很少人直接念大學。反觀台灣的高中生，幾乎天天被課業壓力逼得喘不過氣，卻還能定下自己未來要念的科系。

說穿了，其實大多數人對自己選填的志願是在一知半解下決定的。光憑學系的簡章資料，想要得知將來四年的所學（甚至影響未來工作的性質與方向），

右：畢業典禮上，畢業生都會戴上傳統白帽。（照片提供、攝影／Janna）

左：畢業典禮後的派對，彼此祝福有個美好的未來。（照片提供、攝影／Janna）

是嚴重不足的。許多不確定自己真正想要念什麼，或者說不知道自己能做什麼的台灣高中生，大半都是從百種科系中選擇一個看起來「熱門」和念起來「安全」的系所。在無所要求的情況下，做出最中庸的抉擇。

「高中裡有任何部門負責協助學生選擇未來的志向嗎？」我回到曼查拉高中和老師敘舊時問到。

「當然有，我們有專業的輔導員為學生解說任何情況。」教務主任回答。

台灣的高中也有輔導室，為學生分析各個科系的概況與未來職涯的取向，但再多的解釋都只是心理上的認知。

「大部分學生在畢業後，會帶著這些建議和想像，不過不是上大學，而是進入實作的工作環境去體驗。」主任接著說。

儘管有一部分芬蘭學生在高中時已確立自己將來想要走的方向，但他們仍想停下來一陣子，試著應證這個領域是不是真的適合自己，如果要改，還來得及。

芬蘭人落實「從做中學習」，因為想像和實際是兩碼子事。

艾佛莉娜的藥學之路

派對中，和朋友艾佛莉娜（Eveliina）相隔兩年再次見面。她今年也從曼查拉高中畢業，目前正在赫爾辛基的服飾店工作。她已清楚自己想要念藥學。藥學系在芬蘭許多大專院校都有，而赫爾辛基大學是最大、也是資源最豐富的其中一所。但艾佛莉娜告訴我，那裡不是她的選擇。她想要到土庫（Turku）去念藥學，因為那裡是用瑞典語授課。

「芬蘭是個雙語（芬、瑞）國家，我覺得在同個領域若能擁有另一種語言能力，會更有優勢，而且將來在芬蘭和瑞典都有辦法生存。」她這樣告訴我。另一位朋友艾莉絲則因為單純想念觀光發展，而到了遠在北極圈內唯一有這個系所的羅凡尼米大學。

「去大學參加系所入學考會不會很難呢？」我們坐在庭院的階梯上聊天。

「我是考藥學系，所以必須熟讀高中的物理化學課本。另外系所要求讀一本叫《人類心理學》的書，考試會從裡面出題。」艾佛莉娜說。

「高中的物理化學？不是參加大學入學考就讀過了？」

右：派對上，大家開懷暢談。在決定去讀哪所大學前，空檔年是芬蘭高中畢業生普遍的選擇。
左：艾佛莉娜（左）準備到瑞典語授課的土庫大學念藥學。

「是啊，但因為是藥學系，所以難度會更高。」

「啊，對了！我還得準備瑞典語的語言考試。我的母語不是瑞典語，而我要去的學校是瑞典語授課的大學，理所當然考題都是用瑞典文，看不懂的話根本不用寫了。」她接著說。

「現在壓力會很大嗎？」

「不會啊，我還有將近一年的時間準備。現在還兼兩份打工呢，可是想辭掉其中一個去藥房實習。」

「哦，妳到底為什麼想念藥學啊？」

「為了維持正義。」我以為她在開玩笑，沒想到她繼續說下去。「你知道嗎，歐洲頒布了一條法令，農夫不能再耕種大蒜了，而醫藥產業則有權研發大蒜內含有醫療效用的新藥品。他們試圖壟斷某些事情。」

「真的假的？我完全沒聽過這麼荒謬的事。」我很驚訝。

「這只是其中一個例子，其他相關的事件層出不窮而且持續發生著，我想要改變這個情況，雖然知道很難。」艾佛

上大學？不急！打工、遊學、進修，想清楚了再繼續升學。

莉娜無奈地說。

「沒有了道德，賺再多錢也不會得到尊重，對吧？就好像少了靈活運用，讀再多書也是枉然。」我有感而發。

「正是如此。在決定去讀哪所大學前，空檔年（Gap year）是芬蘭高中畢業生普遍的選擇。」她回答。

「但是，」坐在一旁的艾蓮娜這時候插話。「芬蘭政府近年來開始不希望年輕人這麼做。」

「妳說空檔年這件事嗎？」我問。

「沒錯。他們希望年輕人趕快去念書，然後早點進入職場，而不只是到處打工。」

「為什麼？」

「人不夠啦。芬蘭人這麼少，國家急需新的勞動力，就是這麼簡單。」

「說了這麼多，我也想知道在台灣你們是怎麼考大學的？」艾佛莉娜問。

「我們也想聽。」許多人都圍了過來。

「有兩種方式（學測和指考）。第一種和你們的差不多，另外一種是用分發的，就是你的分數落在哪個範圍就錄取哪個校系。」

「啥？」艾佛莉娜似乎有些傻眼地看著我。我再解釋一遍。

「那在公布結果前是不知道自己會去哪裡囉？」她又問。

「也不全然是這樣啦，可以依照自己分數的高低去判斷。」

「錄取後不喜歡怎麼辦？」其中一人問。

「有三種方法。一是重考，二是轉系，三是轉學。」

「嘖嘖！」有人發出感嘆的聲音，「為什麼不決定好了再讀呢？」

「我也不知道。可能我們就是急性子吧！講到重考，芬蘭有這樣的情況嗎？」我忽然想到。

「當然有啊，只不過大多都是為了考醫科的學生。有些意志堅定的人還會去補習。」

「補習？你們之前不是說芬蘭沒有人在補習的嗎？」我驚訝地大叫。

「唉呀，那個是高中啦。而且這種為了考醫學院的補習班貴得嚇死人，大部分的人還是自己念，念不來的人就轉換跑道。」

「哦，原來芬蘭還是有考試壓力的嘛。」

「嗯，不過我們大部分的人還是很快樂的啦，哈哈！」

「現在講什麼考試，我們是來送行的耶。」一位壯碩的大男生說。

「啊，對不起，讓你們掃興了。」我急著道歉。

「哈哈，不會啦，別介意！各位，舉起你們的罐子。」他開始主導整個場面。

「祝福杜里！」壯碩男大吼。

「祝福杜里！」全場歡聲雷動。

音樂震耳欲聾，客廳充當舞池，大家像一隻隻掙扎上鉤的魚兒般扭來扭去。芬蘭人在青年時期不疾不徐探索人生方向的閒情逸致，以及不存在的名校迷思，在此時此刻使我格外有感。

遠方的天際灑下第一道曙光，我隨手從地上散亂不堪的瓶瓶罐罐中抓了一瓶開過的啤酒，迷濛地望著眼前這幅黎明時難得一見的奇妙景象，舉罐一飲而盡。

每個人都是一件藝術品

央娜的自畫像

庭院裡飄散著蒸烤鬆餅的迷人奶油香，空氣也彷彿加了糖般甜膩。

「這個快好囉！」央娜（Janna）一身具設計感的裝束，一邊迅速攪拌著鬆餅糊，一邊向在草皮上曬太陽的其他人大喊。一個閒來無事的午後，我們三五好友聚在一起享受ＤＩＹ鬆餅的午茶時光。

央娜也是當年曼查拉高中的同學，留著一頭俏麗的紅髮，個性活潑開朗，時常看見她拿著相機記錄生活。

來到她的房間，牆壁上貼滿了從小到大的相片，以及和朋友的合照。除了照片，為數不少的藝術作品和繪畫也吸引了我的目光，其中最讓我感興趣的，是一張很有特色的自畫像。

畫裡的央娜眼神帶點微微的憂鬱，暗紅色的長髮上頂著的卻是一棵大樹，樹根像蜷曲的藤蔓般延伸到側臉和脖子上，有些則從頭髮竄出，像是分岔的髮絲。樹旁有幾隻老鷹展翅飛翔。這幅畫充滿了無限想像，我非常喜歡。

上：央娜的自畫像「根」。
下：牆壁上的照片，是成長的記錄與回憶。

「妳房間裡怎麼會有這麼多的作品？」鬆餅已陸續上桌，我們坐在庭院椅上聊天。

「哦，那些都是我在 Kymenlaakso Opisto 的藝術作業。」「Kymenlaakso Opisto」是類似成人教育中心的機構，提供各式各樣短期或長期的課程，不用入學考試，只要沒額滿，不論年齡、職業、學籍，任何人都能去報名上課。央娜加入的是藝術課。

這些課程結業後，不具任何的文憑效力。「去那邊學習的人，都是旨在學到一技之長，體驗學院的團體生活，文憑不是重點。」央娜說。

這種成人教育機構不僅僅在芬蘭，整個北歐，甚至德國、奧地利都相當發達，就是為了實現「終身學習」的理念。

「妳是怎麼想到去Kymenlaakso Opisto的呢？你還沒老到需要終身學習吧？」

「哈哈！其實說來話長。早在念高中的時候，我就對藝術、攝影和平面設計相當感興趣。高中畢業後，我直接申請了以平面設計見長的應用科技大學，可惜他們要的是更具美術專長的學生，不是我這種普通高中畢業的。」

「所以妳沒錄取？」

「對啊，那時很沮喪，不知道該怎麼辦。我只知道我不想花一年時間什麼事都不做。」她幽幽地說，「所以我開始尋找這種教育中心，希望在一年當中打好平面設計的基礎，隔年想再申請時能夠更有優勢。」

她在鬆餅上塗了一層草莓果醬，再擠上濃濃的鮮奶油，切了一片放入嘴裡，露出滿意的表情，和我相視而笑。

這一年央娜搬離家裡，住在「Kymenlaakso Opisto」的宿舍與學員們一起上課、生活。從基本的美術知識學起，循序漸進地涉獵繪畫、攝影、素描、修圖軟

右：幾個簡單的器具，就可以蒸出好吃的鬆餅。

左：不論是攝影、繪畫，都是對美好事物的敏銳捕捉。

體操作等等。針對不同主題，設計出具自我風格的作品。

「老師總是要我們多嘗試新的想法和做法，因為在這裡沒有任何壓力。這些設計和作品，都是為自己而創作，不是某公司的案子。」央娜說老師不斷地如此鼓勵學員們。

「妳知道嗎？」我說，「其實我一直都蠻嚮往藝術這塊領域的。小時候上美術課，我就慢慢發現自己對文字、色彩、構圖相當敏感，但我卻從未進一步去學習。」

「為什麼？」

「沒有機會。或者說，那時候年紀太小，自己想得不夠清楚，不夠勇敢去說，也沒有人引導我。」

「你現在有什麼打算？關於藝術方面的想法。」央娜問。

「攝影吧！攝影包括對光線的掌握、色彩的搭配、構圖的技巧，以及主題的設定，有時創意也很重要。一張照片，本身就是一件藝術品。我想透過攝影，發揮自己對這些元素的敏銳度。透過相機記錄旅行過程中的感動，也能捕捉生活中的平凡小事。最重要的是，它不像畫畫、雕塑，需

要經年累月的功力才能成就一件相當完整的作品。拍出一張好照片，讓我很有成就感。攝影變成我閒暇時的興趣，沒有壓力，純粹享受它帶給我的快樂。這也許能在藝術這塊領域沾上一點點邊，彌補我來不及嘗試走的藝術之路。」

「妳呢？是怎麼想讀平面設計的？」我繼續問。

「我也跟你差不多，在求學過程中就發現自己對繪圖、廣告圖像等等很感興趣，但我不知道那些東西叫什麼，也不知道可以成為一種職業。」央娜回答，「直到高中，我才得知『平面設計』這個名詞。我一直很想從事具創造性的工作，而『設計』總是令人感到驚奇與創新，這正是我想要的。」

她接著說：「所以啦，我為了理想，破天荒地繳了人生第一次學費。」在芬蘭，義務教育和高等教育都不用學費，但這種教育中心是自費學習。

「看到妳房間這些出色的作品，這一年看來收穫不少。想必妳今年已經申請到學校了吧？」我說。

「是沒錯，」央娜放下刀叉，把嘴裡的食物吞完，「只不過……我要念的不是平面設計。」

「什麼？」

央娜在短期藝術學院的繪作。透過作品，一步步地肯定自我。

「Kymenlaakso Opisto的生活讓我學到很多，我愛攝影，愛畫畫，愛平面設計。但是經過這一年的洗禮，我發現，我並不想讓它成為往後日子的工作內容。我不適合整天窩在電腦前或是工作室裡這樣子工作，那太沉悶了。」她斬釘截鐵地說，「我想要具有創造性、同時又擁有活力的工作環境。」

「所以妳今年在大學讀的是？」

「幼兒教育！」央娜

開心地舉起雙手。

「活潑的環境我沒話說，但，幼兒教育具有創造性？」我半開玩笑地質疑她。

「這個你就不懂了。這樣說好了，每個人一出生，就是一件未經琢磨的藝術品。教育小孩，從人格、天賦、嗜好逐漸去培養，就好像在慢慢雕塑一件無限可能的作品。而這個『作品』，又能創造出多少令人驚奇的事情呢？這就是幼兒教育的創造性！比平面設計偉大太多了。」我被央娜唬得啞口無言。這個比喻實在太出色了，我想也沒想過。

那一瞬間，我覺得央娜花一年時間在藝術學院上真是值得，連說話都這麼有藝術性。

嘗試，是證實與改變的開始

讀幼兒教育，一直以來也是央娜的選擇之一，只不過這個職涯方向相當明確，就是當幼稚園老師。她不希望在沒有嘗試其他選擇前，就決定自己的人生方向。

也許有人會認為是浪費時間，到頭來還是走跟藝術不相干的路。但對央娜來說，這個經驗是對自己的肯定。

現在的央娜，找到了自己喜歡的職涯方向，也更有自信。

「我現在更相信自己的能力了。」她說，「我以前只知道自己喜歡平面設計，但沒有任何實質的作為。當初落榜時，我一度很茫然，覺得自己很無助。但在這一年的課程裡頭，透過作品，我一步步地去證明自己。」對她來說，這是個意外卻豐碩的人生經歷。

儘管後來念的科系不相關，這項學習讓央娜顯得更獨立，也充滿更多想法。最重要的是，她透過這個「嘗試」，發現自己並不適合平面設計這種比較沉悶的工作，而喜歡與人互動的環境。這樣就足夠了。

很多時候你以為喜歡某樣東西、適合某樣東西，那是基於心中的想像。每樣東西都有許多面向，往往我們看到的都是對自己有利的那一面，然後不知不覺地自欺欺人。

如果當年高中畢業後，央娜直接錄取了想去的平面設計學校，現在會不會後悔？

如果小時候我勇敢一點，去嘗試藝術這個領域，現在會不會有所作為？

如今想想，在成長的過程中，我的確做了許多嘗試。儘管大部分對現在的生活沒有直接關係的改變，但每一段生命歷程或插曲，無形中都影響著我的個性、價值觀、品味，以及處理事情的能力與態度，這些都是無法量計的因素。

或許計畫的結果和你預設的不同，但實踐計畫的過程中帶來的意外之喜，對

自己是另一種幫助或啟發。

「每個人都是一件藝術品。」我開始了解央娜所說的。成就於豐富的生命片段，一段一段串聯並累積。

而嘗試，是開啟創作的一把鑰匙。

房間裡那張自畫像的名字，芬蘭語叫做「Juuret」，中文的意思是「根」。

這個作品的主題是「the hidden side of me」，每個學員要將自己隱藏的那一面，選擇一個物體或形式，融合在自己的畫像當中。

央娜說，頭頂上那棵大樹代表的是自信、堅強和欣欣向榮的活力，就像大家看到她平常的樣子，充滿了活力與熱情；而那些毫無章法、攀附在臉龐與脖子上的樹根，則像是她不小心暴露的弱點。

「我把自己形容成一棵大樹，看似強壯、充滿自信，但事實上那些生活中的脆弱和恐懼，像根一樣，埋藏在很深的地底。」央娜說。

如果你也來畫一張自畫像，你覺得自己是什麼？

興趣，還是才藝？

杜歐莫的成年禮

這天我和佑卡一家人來到杜歐莫（Tuomo）家中，慶祝他的十五歲成年禮。過了這個日子，他便正式成為基督教中類似契約雙親的教父母（godparent）。男生為教父，女生為教母。

花團錦簇的庭院裡聚集了各方的親戚好友，杜歐莫盛裝站在門口，用他燦爛的笑容迎接客人。桌子上立著裝滿他成長歷程的相簿，還有一份特別訂做的精選照片年曆給大家欣賞。杜歐莫的媽媽忙著招呼大家進屋內取餐和煮咖啡，爸爸則跟其他親友聊天。一場普通的家庭聚會，卻多了一點正式的氣氛。天空藍得如海水般飽和，現煮的咖啡一杯接著一杯入口，香醇的口感在嘴裡縈繞不去。

杜歐莫是個很積極的男孩，對生活總有無止盡的好奇與熱情。從他說話的態度，和他同時擁有許多不同的興趣就可看出端倪。

「這裡，你看看。」在我們討論著彼此的嗜好時，他總是滔滔不絕，還拿出

上：成年禮上，杜歐莫以笑容迎接客人。

下：定向越野賽的地形圖。

戰果給我看。

「這是？」在我眼前的是一張地形圖，上面有許多標記點。另一張則是成績及排名表。

「我昨天去參加定向越野比賽的紀錄。」「定向越野」在芬蘭是一項相當受歡迎的休閒活動，參賽者必須從地形圖的標示來判斷方向與路徑，通過一道

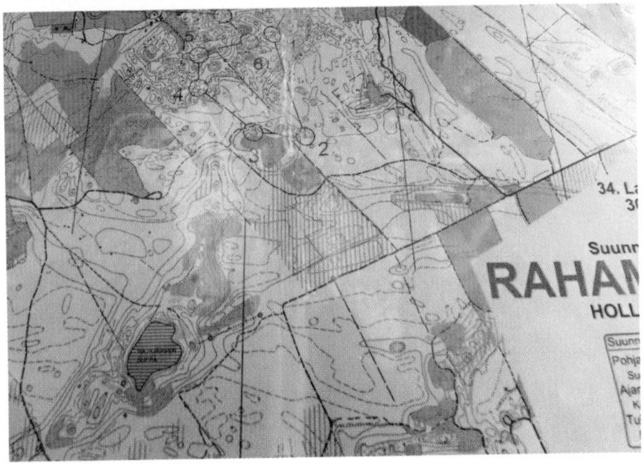

道關卡，在最短的時間內抵達終點。

芬蘭的森林腹地廣大，人們有很多機會接觸到野外活動，因此地形和方位的判讀對芬蘭人來說是非常重要的技能。這項運動從小學起就被排在體育課程當中，甚至到高中，在我當交換學生那年也曾在體育課參與過。

杜歐莫在學校的課程中玩出興趣，便在課餘時間參加區域舉辦的賽事。除了定向越野，他也相當喜歡打冰上曲棍球。這對我來說並不意外。

「冰上曲棍球」在芬蘭是全民運動，對男生來說更是為之瘋狂。經過體育館時，常會看見三、四歲的小娃兒，由爸媽扛著比孩子身軀還大上兩倍有餘的球具去進行訓練。對這些小男孩來說，玩冰上曲棍球就跟學走路一樣重要。

在芬蘭，很難遇見不會溜冰刀的人，更難遇見不會打冰上曲棍球的男孩！

我不禁在想，這算是芬蘭人流行的「才藝」嗎？

在和杜歐莫談話的過程中，瞥見他那張定向越野的成績排名表，發現他其實還落後第一名十幾分鐘，成績並不算出色。我婉轉地試探他對此的反應：

「第一名怎麼這麼快？他是同年齡的選手嗎？」

「噢，不，他跟我一樣大，只不過他真的很強。」杜歐莫不但不尷尬，還興

杜歐莫的家，白色磚石外牆顯得格外雅致。

致勃勃地強調，「但是我比上次同路線的紀錄還快了三分鐘呢！」沒想到我看到的只是事情的表面——成績單上的排名和差距，他的重點卻是自己的進步。當下我恍然大悟，這就是逆向思考啊！

芬蘭的孩子興趣很廣泛，為了應付漆黑寒冷的漫漫冬季，和享受珍貴短暫的夏日時光。

這些興趣，是出自於內心的「喜愛」和「想像」，使他們擁有探索各項活動的行動力。反之，台灣的孩子，有天賦、技巧的出色人才數不清，多數人卻是從小被父母「逼」出來的，原因無他：以後會更有競爭力。

曾幾何時，除了課業壓力外，我們在音樂、美術、電腦等各項領域上也漸漸多了一份憂愁。

「培養自信，是我認為在探索興趣時最重要的一環；而成績，不全然是影響自信心的因素。」杜歐莫的媽媽這麼跟我說。我在聚會上跟她討論對芬蘭小孩多元興趣的想法。

將興趣生活化，擁有廣泛的休閒活動與嗜好，一直是芬蘭學生在成長過程中影響人格特質與發掘職業性向的重要關鍵。透過課本以外的學習，芬蘭學生在自我認同方面有更強烈的敏銳度。

我發現，台灣的社會風氣總是強調「能力」的重要性，卻忽略了在學習過程中的這些經驗和感受，對於成長有多大的啟蒙力量。

「主動」和「被動」，是兩國年輕人在培養特殊才能上常見的差異；而「過程」與「結果」，則是兩國父母定義興趣為孩子帶來效益的不同看法。

芬蘭男孩從小熱愛溜冰刀、玩冰上曲棍球，並不是因為這是一個趨勢，擁有這項能力，就能在社會上多一些競爭機會；也不是因為人人都夢想著進入高薪的職業聯盟。這已是他們的文化資產，成為調劑身心的一塊拼圖。就好像生活在蘭嶼的孩子們，雖然不是每個人都有當游泳選手的堅強實力，但幾乎個個是水中蛟龍。因為海洋，就是他們生活的一部分。

從定向越野到做披薩，思索教育本質

杜歐莫也相當喜歡烹飪。在成年禮聚會後的幾天，我又再次拜訪。他說要做他最拿手的披薩給我嚐嚐。

從材料採買、麵皮製作、餡料搭配，他全一手包辦。我看著他將配料仔細地放在桿好的麵皮上，再把整碗削成絲的起司均勻地覆蓋過去。

「然後在烤箱內烤三十分鐘，就大功告成了。」他說。

杜歐莫興趣廣泛，做烹飪也樂在其中。反觀台灣的年輕學子，能有多少時間花在熱中的休閒活動上？

一開始聽到杜歐莫這樣的邀約，我不禁回想：十五歲的年紀，我們在做什麼呢？是埋首於書本當中準備考試？還是像他一樣，忙於自己熱中的休閒活動？

別傻了。回顧從前，不要說是自己想做的事情，就連學校的工藝課、藝術欣賞課，不是莫名其妙地變成數學課、英文課，就是常常被考試「借」走。

在接近全國性考期之時，又有多少人放棄練了好幾年的才藝？

讀國三的堂妹見到我就訴苦：「為了準備考基測，害我都沒有時間去游泳！」

我在芬蘭的高中讀了將近一年的時間，發現周遭的同學不會因為考試就中斷或改變自己的行程。放學照樣去體育館練球，課餘依然到文化中心排舞，週休假日如往常般和家人到湖邊度假。

他們認為，這些活動才是生活的主軸，不需要為了課業，去調整自己的作息。

我們所謂的「教育」，僅限於被稱為「正課」的學科嗎？

「以養成德、智、體、群、美五育均衡發展之健全國民為宗旨。」是台灣國民教育法的第一條細則。

但以現況來看，台灣整體的國民義務教育環境還是以「智育」為學習的主要方針。其餘四育幾乎不被重視，課程通常草草了事，甚至被忽略。就算有這些課程，大多是普通、呆板與充滿記憶性的乏味內容，很少具有啟發性，更別說具備「育」的意義。

在芬蘭當交換學生的那一年，同學們不停地問我：「為什麼你的數學這麼好？你們亞洲人好像都比較聰明。」

這個問題讓我一時之間不知道怎麼回答。

他們不知道台灣的高中生花多少時間在演算試題上，針對不同的題型做練習，有時甚至還得留意陷阱。還有，我們在考前最愛做的就是猜題。芬蘭的高中數學卻強調基本概念，可以搭配工程計算機的運用來理解，強調融會貫通。

我們用在課業上的時間與精力，比芬蘭學生多上好幾倍。數學好，真的是因為我們比較聰明嗎？

教育的本質是什麼？在芬蘭同學說我們亞洲人「比較聰明」後，我常常在想。

一道數學題，不就是為了求答案？如果經過基本觀念的講解，每個人嘗試自己算起來順手的解法，有快的，有慢的，有簡單的，也有複雜的，只要答案正確，為什麼還要追求統一的算式呢？

說芬蘭人「務實」，是因為他們用結合效率和人本的精神來教育學生，追求適合每一個學生的答案，而不是灌輸規格化的知識。

教育是為了學習，學習有助於成長，而成長的過程中，我們一定會對自己的未來感到茫然、不確定。所以說，教育應該是啟發個人潛力的一個管道。發掘自己在以前從未發現的能力與嗜好，並加以培養，逐漸成就一個人的志向，這才叫教育。

當我們的工藝課被犧牲掉的時候，芬蘭的中學生卻在設計一套屬於自己的桌椅。

當我們的體育課還在操場跑一千六百公尺、測驗體適能時，芬蘭的孩子在森林裡看著地圖，學習找路。

當我們的音樂課在背誦知名音樂家的生平歷史，準備直笛和陶笛考試時，芬蘭的學生則在課堂中組樂團，自己選擇喜愛的樂器練習，並在學期末以合奏的方式展演。

學習不應該僅僅侷限於教室內、課本中，而要懂得靈活運用在實際的各個面向。

教育不應該只著重在智力的增長，而應是全方位的發展。

台灣這種以「智育」為教育取向的環境若一直持續下去，會有愈來愈多的父母將孩子推進補習班與才藝班。

進補習班，是為了爭取好成績，但事實上每次都只能有一個第一名。為了得到第一名，這個孩子將錯過許多探索自我與趣的機會。

學習才藝，是想讓孩子藉由這些能力，補足學校裡沒有教的其他四育。但在「為了學而學」的壓力下，學習早已變質。

披薩出爐了，杜歐莫左右手各捧著兩種不同口味的披薩端上桌。在這之前，他把院子裡的桌椅擦得一塵不染，仔細地擺盤、準備紙巾，檢視每一道用餐的細節，彷彿此刻他就是餐廳的經理兼大廚，一舉一動都散發著自信和享受的光芒。

杜歐莫的媽媽坐在花園中望著他，臉上滿是幸福的笑容。

鋪配料、送烤箱、擺餐具，到熱騰騰的披薩上桌，每一個細節都化為自信與享受。

Coca-Cola

我能想像在一個國際場合中，芬蘭媽媽和台灣媽媽聊起關於興趣培養的「媽媽經」，會是怎麼樣的對話。

芬蘭媽媽說：「我的小孩『興趣』很多元，他愛踢足球，冬天常滑雪，吉他也彈得不錯！」

「我家小孩也學很多『才藝』啊！」台灣媽媽說，「從小彈鋼琴、寫書法，放學後就去補習英文和電腦。哦，對了，他還會心算和速讀呢！」

一個說的是教育，一個談的是投資。根本就是雞同鴨講。

成年禮當天，桌上的精緻餐點與擺飾。簡單卻又慎重的心，流露出父母對孩子的期許與祝福。

第三部

實踐力

以後想要做什麼？不紙上談兵，實際體驗就對了。曾經為夢想奮力一搏的過程，將會是人生中無可比擬的珍貴記憶。

為夢想奮力一搏

戴歐的冰上曲棍球賽

眼前的多功能巨型場館是座落於赫爾辛基市區的「Hartwall Areena」，這裡時常是演唱會、大型國際活動和體育賽事的舉辦地點，同時也是隸屬於芬蘭最高等級職業冰上曲棍球聯盟「SM-liiga」（Suomen mestaruus / Finnish championship）小丑隊（Jokerit）的主場。

但我出現在這裡，不是買票來看這場被譽為全歐洲第二強的職業聯盟比賽。在能容納一萬三千五百位觀眾的主場館正下方，還有一群年輕人正在冰天凍地的練習場中奮鬥。

沿著場館側邊的山壁走，來到一個外觀像防空洞的大門口，工作人員為我們開了鎖。

映入眼簾的，竟是一條簡直沒有盡頭的曲折斜坡，像是逃難時的地底隧道。我知道練習場在地下層，但沒料到是以這樣的方式進入。

「練習場在很深的底層，隧道型入口的設計，才能有效保持冷空氣不會輕易

青年隊球員們蓄勢待發，準備進場。

散失，比較節省空調能源。」艾雅（Aija）說。

艾雅是我朋友費拉的媽媽，而這次的行程是來探訪費拉的弟弟戴歐（Teo）。一個十六歲，天賦異稟的冰球選手。

「SM-liiga」共有十四支隊伍，分屬各地不同的城市。只有赫爾辛基和坦佩雷各擁有兩支球隊。

每支職業球隊底下都有以年齡分級的青年隊，以十四、十六、十八及二十歲做為分界。各級青年隊聯盟之間也會互相比賽。

這些小球員將來都很有可能是年薪百萬歐元的職業選手。

戴歐是小丑隊十六歲級聯盟的一員，這一天對上的是來自坦佩雷的Tappara隊。

冰上曲棍球是一項極度高肢體碰撞的運動，球員幾乎全身都被硬梆梆又厚重的護具包覆著，卻能在冰上快速移動，甚至任意轉換方向，同時間雙手持曲棍，追著僅僅不到一個手掌大小的「hockey」，想辦法把它射進球門。

20:00

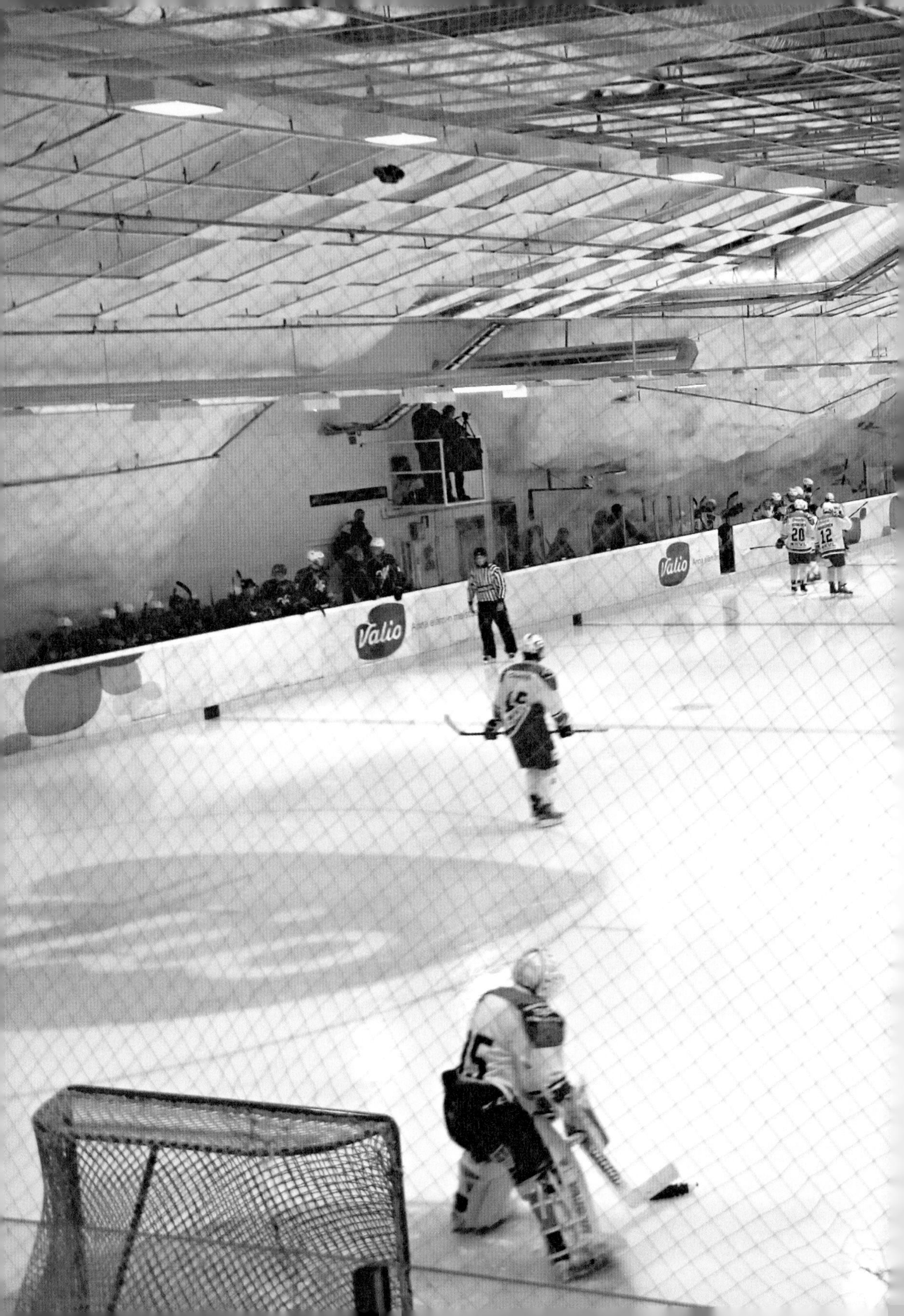
Valio
Valio

光用想的，就覺得這些球員實在是了不起。

比賽開始了，場館內的溫度是零下二度，而外頭則是宜人的二十度，加上和煦陽光，簡直是兩個世界。

冰上曲棍球賽一隊六人，分別為負責進攻的兩側翼鋒、中鋒及兩個防守後衛。戴歐身高一八八公分，體格壯碩，打的是防守後衛。

「他下禮拜有個測驗，希望情緒不會影響到今天的表現。」艾雅說。

青年聯盟也很嚴格，定期會有球員的能力檢測，把不適任的選手裁掉，或是跟其他隊交易。雖然對這些小球員來說有些殘忍，但畢竟這是芬蘭最高級職業聯盟下的培訓聯盟，制度相當嚴謹。

「所以，如果被球隊裁掉的話，不就沒球打了嗎？」我問。

「沒錯，很可能這個小球員的職業夢就此中斷。但如果真的想繼續打球，可以到其他隊去應徵，像找工作那樣。運氣好的話，就能重返球場。」

「真殘酷。」

「所以囉，戴歐同時也在準備商學校的入學考試，如果沒辦法以打球為職業的話，至少還有其他出路。」艾雅補充。

戴歐是芬蘭職業冰上曲棍球聯盟的青年聯盟培訓球員，以職業球員為目標外，也準備學商。

Kahvio
Luistinten teroitus
SUNNY
TRADING

觀眾席上傳來歡呼聲，人不多，大多是家屬。小丑青年隊一比零領先。

比賽分成三局，每局二十分鐘。看了戴歐在場上許久，他雖然體型不小，動作卻相當靈活，膽識也很夠，對方好幾球進攻都被他攔截下來。

冰上曲棍球最刺激的畫面之一，便是球員們搶球時以冰刀高速衝刺，然後「碰」的一聲，把對手壓在邊緣的壓克力護欄上。

很妙的是，沒球搶的時候球員也都愛故意「碰」一下彼此，做為一種提振氣勢的舉動，或者說挑釁。身為一個專業的冰球球員，都應該要不怕這種高強度的撞擊，因為這是冰球比賽精神的一部分。不少男生打冰上曲棍球的原因，正是這項運動讓他們看起來很有男子氣概。這是我長期觀察下來的感想。

對他們來說，運動是一個培養自我價值的媒介。

對手 Tappara 隊陣中一名前鋒個頭較小，但速度奇快。不一會兒，在第二局終了前便把比數扳成一比一平手。

「職業球員和從商，妳比較希望戴歐以後朝哪個方向發展？」我問艾雅。

「都好。」她回答，「職業球員賺的錢可能比較多，但是會有受傷的風險；

戴歐最喜歡媽媽艾雅做的料理。

學商的話則有比較安穩的工作。我覺得要看戴歐自己想要追求的是怎麼樣的生活，只要他平安、快樂，我認為這兩種都很好。」

艾雅身材胖胖的，笑起來中氣十足，但講道理時輕聲細語，給人一種很安穩、肯定的感覺。

這幾天到戴歐家住，也品嚐了艾雅的高超廚藝。她驕傲地說，戴歐就是這樣被她養得又高又壯的。

足球男孩歷古

離開球場，殺氣騰騰的模樣也隨之消失，戴歐私底下是一個溫和不多話的大男孩。飯後我們一起去市區，看地區的一級業餘聯盟足球賽，順便見見戴歐十七歲的表哥歷古（Riku）。他是主場 Järvenpää 地區隊的球員之一，但最近比賽時受傷，摔斷了腿，得休養好一陣子，今天只能在場邊觀戰。

歷古左腳打上了石膏，雙手拄著拐杖，我們三個人慢慢地從停車場往觀眾席前進。球場在戶外，入口的售票小弟看

見是隊中球員的歷古，便直接放我們入場。

場邊有販賣飲料和熱狗的簡易攤販，歷古上前和工作人員打招呼，大家都熱情地請他吃東西，多到讓我和戴歐也吃得很滿足。

身高超過一九〇公分的歷古一來到球場就吸引眾多人的目光，許多來看球賽的小男孩都紛紛圍繞在他身旁。有些年紀較大的球迷則關心他的傷勢，拍拍他的肩，要他好好加油。

「他怎麼這麼有名？大家都這麼關注他。」在歷古和教練談話時，我私下問戴歐。

「哦！歷古不只是Järvenpää 地區隊的主力球員，同時也是芬蘭青年國家隊的隊長呢！」他與有榮焉地說。足球，在芬蘭是僅次於國球冰上曲棍球的熱門運動。

我們坐在場邊的木製階梯上看比賽，天空開始飄起綿綿細雨。觀眾們都紛紛撐起傘來。

雖然這是業餘聯盟，但比賽也相當有強度，兩隊陣中也都有數名外籍傭兵。

「打業餘聯賽，同時又得代表芬蘭去比賽，訓練一定很辛苦。而且你才十七

上：拄著拐杖的歷古，是芬蘭青年國家足球隊隊長。

下：兩個表兄弟，在運動領域上各自發揮，也都為自己保留另一個選擇。

歲，學業怎麼辦？」我知道芬蘭的上課時數雖短，但不固定的訓練時間與比賽，一定會影響到課程的參與。

「其實我和戴歐念的都是體育高中。」歷古回答。

「什麼是體育高中？上的課都跟運動相關嗎？」

「不，體育高中和一般高中的課程沒有太大差異。唯一的差別在於，就讀體

育高中的學生能有更多的時間運用，去進行比賽和訓練活動。普通高中的假不好請，請了又得補課跟上進度。簡單來說，體育高中的課程較為彈性，也比較個人化，可以依照自己的行程表安排。」

「像我一週通常有五到七天要做訓練，一到三場比賽，常常會耽誤到上課的時間。」戴歐說，「但是進度可以彈性調整。」

「你們有想過直接放棄學業，好好專心練球，當職業球員嗎？」

「我跟歷古的夢想當然是成為各自領域的頂尖球員。但是我們還很年輕，運動這條路不好走，總得有個 plan B。」

「我的現況就是個實際的例子。」歷古看著自己腳上的石膏，笑了笑說，「雖然過幾個月就會好了，但這次受傷，讓我體會到命運和際遇的不安定，所以不能把雞蛋放在同一個籃子裡。」這就是他們表兄弟倆雖然在運動領域上展現了無窮的潛力，但都沒有放棄學業，把精力全挹注在體育這條路上的原因。

歷古和戴歐兩個人都是從很小的時候便開始接觸這兩項運動。像其他的芬蘭男孩一樣，為了樂趣。但隨著年齡及技術的增長，他們都發現自己在各自的領域上有相當出色的天分，便認真思考朝職業發展的可能性。

場上進行的是一級業餘聯盟足球賽。運動可說是培養自我價值的一個媒介。

21

遇見他們兩個芬蘭大男生，一個是十六歲的冰球職業聯盟培訓球員，一個是芬蘭青年國家足球隊的隊長。這樣特別又傑出的身分，給了我截然不同的視野及反思。

我曾問過戴歐：「你覺得芬蘭教育好在什麼地方？」

「好在很多選擇。」他維持不多話的特質，給了我簡潔的回答。我點頭附和。台灣其實也有很多選擇啊！但傳統封閉的價值觀，讓我們都忘了一條路上是有很多不同的岔路可以前進的。

會念書，也要勇敢逐夢

林書豪成功的故事，或許可以點醒台灣的兩個教育問題。家庭教育和人才培育。

林書豪的傑出表現，自己本身的努力與付出是不可否認的。但，還有一部分得歸功於在背後支持的父母。

長久以來，我們普遍認為，運動這條路是不會念書、不喜歡念書的孩子做的選擇。換個角度想，能念書、會念書的孩子該做的事，就是把書念好，將來才有機會擁有一個人人稱羨的職業。這是亞洲社會型塑一個成功典型的不變

小球童負責撿起踢出場邊的球。芬蘭教育好在很多選擇，可以有不同的前進方向。

法則。

但是，林書豪的父母卻能跳脫傳統思維的框架，讓這麼會念書的孩子，勇敢去追求他的籃球夢。哈佛大學經濟系畢業，不去華爾街呼風喚雨當金童，反而挑戰亞洲球員幾乎不可能生存的NBA舞台。這在台灣人眼中，豈只用「笨」字來形容？當他有作為，出名了，所有人就把他捧上天；但如果失敗了，不知道有多少人會記得他，甚至將他所做的決定視為笑柄。

這就是台灣父母共同的恐懼。為了不受傷害，所以寧願走一條沒有荊棘的大路。

林書豪父母展現的家庭教育，是不過度保護孩子，恩威並施，堅持信仰，放手讓他追尋自己的夢想。儘管經歷跌跌撞撞，卻讓他能夠勇敢地面對生命中的挫敗，懂得謙虛，不斷學習。

然而像戴歐一樣，擁有一個後備的職業選擇，不管在哪裡，都是非常理所當然的。那麼，該是以安穩的選擇為優先，還是把夢想與熱情擺在第一順位？我無法說出正確答

案。不過看著戴歐那充滿自信與野心的模樣，我知道他對於自己的決定非常滿意，也相當享受現在的生活。

我想，即使未來這條路不一定能保證一帆風順，但曾經為夢想奮力一搏的過程，將會是他人生中無可比擬的珍貴記憶。

對於許多在台灣生長的孩子來說，夢想或許始終是夢想，有太多人連嘗試的機會都沒有。突破了傳統價值的藩籬，又必須面對更巨大的挑戰。

林書豪的出現，台灣人關注的似乎只是他「台灣人」的身分。諷刺的是，他所有的籃球技巧都是在美國培養出來的。他流著台灣的血液，但思想與行為卻是美國製造。唯一能證明的是，族裔與家庭背景不再是台灣甚至整個亞洲，在運動領域上落後歐美國家的藉口。

有沒有想過，同樣是林書豪，為什麼在美國能，在台灣卻不能？

因為封閉的觀念影響了體制，而體制，扼殺了天賦異稟的人才。

儘管如此，我們卻很少徹底地省思教育的觀念與本質，嘗試做些改變，總是靜靜等待那些反抗和勇敢的奇蹟出現。

場景拉回到「Hartwall Areena」的地底練習場，寒氣逼人，我把雙手墊在屁股下，讓手的溫度回升一些，才稍稍感到舒服一點。地主小丑隊和 Tappara 隊一比一的僵局遲遲未被打破。我和艾雅有一搭沒一搭地聊著。

Tappara 隊陣中那名小個兒前鋒忽然加速衝進前場，戴歐一個漂亮的超截把球阻斷，然後以迅雷不及掩耳的速度長傳給對面先跑的中鋒隊友，大力一揮，hockey 應聲入網。全場歡聲雷動，比賽剩下不到兩分鐘。

戴歐和隊友一一擁抱擊掌，隨即轉過身，向觀眾席上的媽媽艾雅送了一個飛吻。

不打安全牌，做個追尋自我的怪胎

女保全勞拉

這是我生平第一次坐在像是在二樓開車的大卡車上頭，車子緩慢行駛著。在我一旁的駕駛，是前寄宿家庭妹妹勞拉（Laura）的男友艾力克斯（Aleksi）。

凌晨兩點，我們兩個一起從家裡出發，先到卡車公司取車，開到儲貨倉去載貨，然後把這些貨物送到不同城市的商家倉庫。這是艾力克斯的工作，他今年二十一歲，高職汽修科畢業，當完兵後就出來工作了。

「這個工作很辛苦。」艾力克斯眼睛直視著漆黑的道路，右手換檔。「有時候要連續開十幾個小時的車，來回好幾百公里的路程。但我覺得很自在，可以開著這個大怪獸到處跑。」

儲貨倉位在曼查拉郊區的產業道路旁，必須通過保全的盤查後才能進入。外頭停著為數不少的各種卡車、貨車，也都是來領貨的。艾力克斯跟我說，這裡有點像是物流中心。

整棟建築物出奇的龐大，往入口進去的路面方向延伸，幾乎看不見盡頭，目

偌大的儲貨倉，每一輛貨車都在各自的角落裡承載任務。

測至少有兩個足球場這麼大，人站在裡頭就好像瞬間縮小尺寸。今晚要出倉的貨品都堆在閘口前，其餘的都像圖書館架上的書本般整齊地排列在架子上，只是都是非常巨大的架子，抬起頭來看會疲的那種感覺。

凌晨時分，這裡卻燈火通明，應該是各地出貨的尖峰時刻。但自從進入貨倉後的視線範圍內，就只有艾力克斯一個人。

「大家都在建築物四周的角落搬運自己的貨物，所以當然看不到人囉。」艾力克斯說。

我在一旁看著他熟練地操作堆高機，把屬於他的貨物一一堆上貨櫃。盤點後，他用原子筆在地圖上像是在畫些什麼，但近看卻沒有拔下筆蓋，只在表面輕輕拂過，細心規劃著這趟送貨的最短路線，做個確認動作而已。

接著，他把這台龐大的貨櫃車連到車尾上，成了在路上常常看到的聯結車。看著這些對艾力克斯來說再平常不過的動作，我忽然很佩服他。因為專業。

艾力克斯只讀到高職，便不想再繼續升學。他說：「汽修

科畢業後，我對車子的了解已經相當足夠，機械原理、零件組合，我能修、能改，幹嘛還要繼續升學？還不如直接出來工作比較實際。」

「繼續念書，是給那些還不知道自己想做什麼的人在做的事。」這句話猶如當頭棒喝。從前總以為，不會念書的人做什麼都不成。現在我反而思考，不停念書的人能做的是什麼？

在台灣，古板的教育體制像一條鐵軌，堅固地深植在升學的路面上，我們不得不順著這個方向走。那

艾力克斯細心地確認路線。有著專業技能與目標的他，不認為念書是唯一的路。

些有想法、希望走出一條與眾不同的路的人，就像是脫了軌的故障列車，受人遺棄和質疑。

當我得知勞拉在高中畢業後做的決定，也嚇了一跳。她也是一樣沒有繼續升大學，而當起保全來。沒錯，一個十九歲女生的志向是當保全。她秀出工作的制服和配備，證明她所言不假。

「很可惜不能讓你來參觀我的工作狀況，因為那是機密。」她半開玩笑地說。

勞拉一個月只需工作三個禮拜，每個禮拜大約排三、四天的班，就有一千兩百歐元的薪水。她現在雖然已是正職的保全，但她還想去保全學校進修，取得證照後，會有更好的待遇。

「嗯，那其實不是真正的『學校』，事實上只要每幾個月去一次，做一些特殊訓練就可以了。」她解釋。

當勞拉講得口沫橫飛，我心裡則是不停地想：有這麼多更好的職業，為什麼要當保全？再繼續念書，不是可以多一些知識或技能，擁有更好的職業和身分地位嗎？

「沒什麼特別原因，我喜歡當保全。」她簡短地說。其實我早該料到的。住在他們家將近一年的時間，我知道勞拉的個性本來就比較中性，她當然也喜

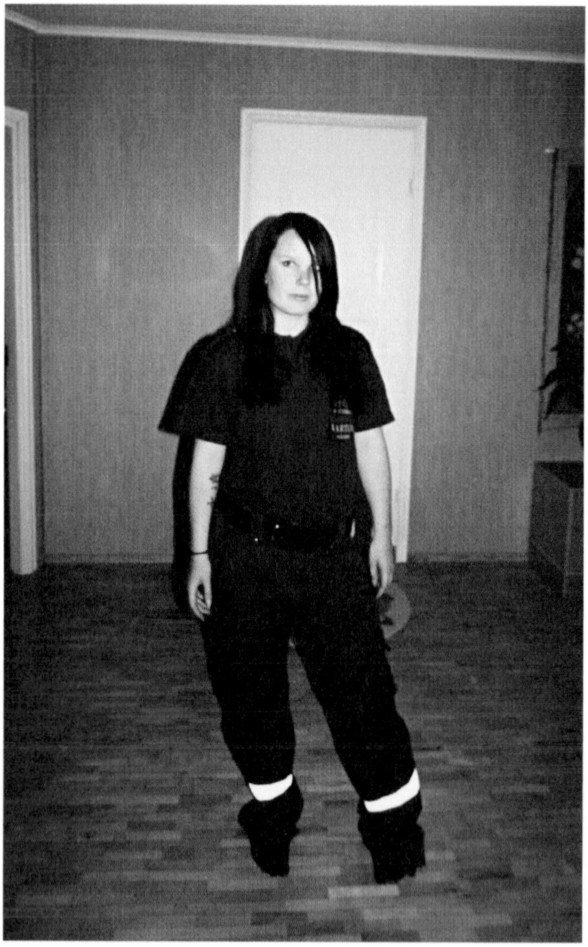

歡shopping，只不過都是買一些刀劍、模型等等很酷的東西。

「喜歡念書、有能力念書的人可以讀到碩士、博士，以後當教授、學者、專家。」她說，「而我，把屬於我的興趣以及能力範圍的事情做好，不也是一樣嗎？」

「佑卡不會管妳嗎？要妳繼續念書？」我繼續提出疑問。

穿起保全制服的勞拉，依著自己的興趣選擇職業。

「我爸從來不會跟我講做什麼好、做什麼不好，他總是尊重我的想法。我當保全他很開心。」

芬蘭人著實給我上了一課，這樣的處世態度，完全顛覆了我的想法。

走自己的路

台灣人迷信補習、分數，崇尚高學歷、高社經地位的職業。這也是台灣教育扭曲的最大因素。當然，每個人都想過美好生活，每個父母都希望自己的孩子出人頭地，但卻往往忽略了人的性格特質，也捨棄了教育的本質。

在服裝設計界已佔有一席之地的台灣設計師古又文，曾經在受訪時說過：「讀高職，是我一生最勇敢的決定。」社會價值觀的壓力和家人的反對，曾讓他很徬徨。但這個決定，卻也是他最快樂的選擇。

難道說，讀明星高中、考上知名大學的人，就是一表人才的國家棟樑？

難道說，去念技職學校的孩子，就是因為不會讀書才別無選擇？

難道說，不念那些熱門科系的學生，就是沒有前途？

想想看，有多少碩士、博士耗盡了青春歲月卻找不到工作，到頭來還得去競爭清潔隊員的招考？又有多少擁有一技之長在各個領域發光發熱的人才，正是從職校畢業的？

身為一個學生，我觀察到周遭有太多人盲目地讀，為了父母而讀，為了獎學金而讀，甚至為了面子而讀。在求學的過程中，許多人極力說服自己，再撐一下下，完成別人對你的期望吧！矛盾，其實是多數台灣學生得面對的心境。

我的一個高中同學在上了大學後，確實體悟到「現實」與「理想」間的拉扯。他念的是歷史系。教授曾無奈地說：「許多同學稱自己是歷史系的學生時，往往得到的答覆是要不要轉系。」

他自己遇到的情況倒還好，別人總是問他將來是不是要做歷史老師。當他說想再修個中文系時，答案雖然不出乎意料，卻也令他哭笑不得：「很好啊！將來還可以當個國文老師。」

他心想，這些人真的很奇怪，為什麼一定要把所讀的科系和將來的職業做這麼直接的連結呢？

「我每次回家，老媽總會一直告訴我，要我在大二的時候就想好未來的出路。我知道，她從來就不支持我想走的道路。」他說。他知道媽媽是為自己好，希望小孩能夠輕鬆一點過生活，如同全天下的父母一般，試圖引導他走向比較順遂的道路。

他曾經寫道：

說起來很無奈，太多的家長、老師告訴學生的是將來要做「什麼工作」，而不是要成為「什麼樣的人」。

有個學長告訴我：「大學裡頭，有太多人想著轉系、轉學，其中又以商科和法律系為大宗，因為工作性質相對穩定，而讀其他科系的人，在大四的時候往往準備著考公務員。」

講一句很沒根據的判斷，我不相信所有讀法商的人是真正對這塊領域有興趣，更不相信有這麼多人的夢想是當公務員。

直到現在，我依然抱持著高中時的那股熱忱，去追尋自己的所見所想。

有人說，成長就是一個不斷放棄的過程，可我不同意，至少我不希望是如此。成長不應該是這麼悲哀的事。

我未來想成為怎麼樣的人，我還不知道，但我絕對不想成為屈服於現實而放棄夢想的人。

我想，不單單只有他有這樣的感受，相信許多人都心有戚戚焉。或許沒有根據，但卻是事實，我們都有一種強迫性的焦慮，對於未知的未來，習慣打「安全牌」。

所以，關於孩子的夢想與適性發展這些虛華的理想，只能擺在書本後頭；腳踏實地能夠養家活口的職業，在我們的觀念中比任何事情都重要。我們害怕，因此期許自己的孩子能夠走一條安穩、順遂的道路。父母當然希望孩子好，但這樣的「善意」，往往無形中扼殺了孩子在學習過程中的自發性。

許多長輩甚至把自己未能完成的理想加諸在對孩子的期許上，只是大多數的人毫不自覺。大家都要搶破頭進名校、當醫生、做法官、考公職，競爭對手太多了，只好無所不用其極以達到所謂的標準。

「性格百萬種，興趣千萬樣，將人塑造成各自獨立的個體，在各行各業中有不同的成就。我們無法將小孩改變成我們心中的那個模樣，因為他們就是他們自己。」寄宿家庭的爸爸佑卡跟我這樣說過。

父母要學會放手、傾聽與妥協。應該像個稱職的飛機技工，細心檢視任何會影響飛行安全的問題，只為了讓飛機順利地自由飛翔。然而，許多父母卻一心只想坐上駕駛座，開往他們心中所認知的理想目的地。

「說起來很無奈，太多的家長、老師告訴學生的是將來要做『什麼工作』，而不是要成為『什麼樣的人』。」

我非常喜歡他這句話。拚命念書，或許能帶你進入一間理想的學校，取得步入職場的入場券，但卻不能讓你變成你想成為的人。

有一點很妙。**台灣人在教育上的「務實」，是將來能夠求得好工作；而芬蘭人眼中的「務實」，是追求人本精神，以興趣和志向為學習的出發點。**

「行行出狀元」這句話，事實上在台灣不過是一個口號，芬蘭人卻落實在他們的人生規劃當中。這在他們眼裡，是理所當然、不需掛在嘴邊的想法。

因為熱情，所以卓越

某日老爸在大陸做生意的老友來訪，也帶著兩個兒子一起，其中小兒子是我在竹中大一屆的學長。在高雄念了兩年大學後，毅然決然地休學，先去當了兵，等兵役結束後要到美國讀書，準備接手他老爸的事業。

「為什麼休學了？在哪裡念不都一樣？」我問。

「念了兩年的大學，回頭一看好像浪費了許多時間。大學生活不就是那樣，成天想著教授會不會點名，擔憂著期中、期末考會不會被當，放假該去哪裡玩。當整體環境是如此時，意志再堅定的人始終會被影響，根本沒辦法有效

率地學習。」他回答，「我決定先停下來，想想自己要的是什麼，而不是渾渾噩噩就這樣在大學裡耗了四年，然後茫然畢業。」

我常常在想，是不是因為台灣的大學生被「壓抑」太久了？

我們從小面對著來自四面八方的壓力與期盼，國小、國中到高中，哪個階段不是被成績與排名追著跑？直到上了大學，自由了，選擇多了，不再有人逼迫我們追求下一個第一志願，因為我們已到達知識的最高殿堂。剩下的人生必須靠自己，自己負責。

然而學習態度的強烈反差，像是橫亙在前的一條海溝，讓人不知所措。我們習慣被安排、被鞭策，一旦失去了這些動力，就會跟著失去了求知的慾望。因為求知對我們來說，是一種被動的訓練。

「也不是要你跟我一樣休學啦。」他笑笑地說，「只是想告訴你，這是我的方法。每個人都應該試著去追尋對自己最有利的方法。」

「還有，在大學裡，最好當個怪人。」他繼續補充。

「為什麼？」

「賈伯斯、比爾蓋茲等等成功的人，哪一個不是在學生時期念書念到一半就跑去追尋自我的怪胎？」

是否「想做」的事永遠會比「要做」的事來得更有動力？因為熱情，所以卓越。

他老爸離開前給我一個忠告：「不管做什麼，不要浪費你的青春。」

坐在視野極佳的卡車上頭，望著眼前筆直漆黑的公路，我想的是艾力克斯的那句話：「繼續念書，是給那些還不知道自己想做什麼的人在做的事。」

那麼，清楚知道自己的興趣，卻屈就於現實，讀自己根本不喜歡讀的書，則是傻瓜在做的事。想著想著，我腦中忽然浮現出這句話。

廣播電台裡沙啞的搖滾樂手奮力地嘶吼著。艾力克斯灌了一口提神飲料，也拿了一瓶給我，小聲地說：「喝吧，我們還有好長一段路要走呢！」

離開書桌，體驗就對了

戴樂席的輪胎實習

肩上背著簡單的行囊，我一個人站在赫爾辛基中央車站的月台上，遠眺即將進站的一班列車。人潮同時如洩洪般從每個剛剛開啟的車門流了出來，往各自的方向前進。

我瞬間驚覺自己真的像漂浮在茫茫人海。

默默觀察周遭來來去去的陌生人，從年齡、樣貌、打扮和隨身物品猜想，他們各自從哪裡來？要到哪裡去？過著什麼樣的生活？又正在為什麼努力著？

此刻你彷彿偵探般，從你認知的方式，試圖追尋生命的軌跡。

這也是旅行時才能享受的閒情逸致。

我這趟旅程將要前往芬蘭的第三大城——坦佩雷，拜訪前寄宿家庭的姊姊戴樂席（Terhi）。

坦佩雷城市印象。
上：坦佩雷劇院。
中：坦佩雷大學。
下：Hämeenkatu 主街道一景。

坦佩雷不僅是芬蘭人口第三多的城市，更是工業、歷史和學術的一大重鎮。十九世紀時，這裡曾經擁有芬蘭一半以上的勞工人口；二十世紀初，是芬蘭內戰時期的一個重要據點。現今，坦佩雷是個著名的大學城，擁有坦佩雷大學、坦佩雷理工大學、坦佩雷應用科技大學以及芬蘭警察學校。豐富的學術環境為這座城市注入了許多年輕的活力。

我們相約在火車站大廳。戴樂席一改過去的深褐髮色，換成自然的金髮造型，讓我差點認不出來。

「好久不見。」她開心地向從月台走出來的我招手。

戴樂席曾經待我像親弟弟般照顧。她時而像小女孩般任性，做起正經事來卻又很有擔當。相隔萬里，兩年沒見，突然再見面彼此都有種生澀的疏離感。但面對面相處一陣子後，那種熟悉的感覺馬上又回來了。

「好不容易來到了坦佩雷，我就先帶你四處看看吧！」戴樂席說。今天先當我的一日導遊，過兩天她要工作，不能陪我，所以要確認我今天得把路都認得。

這是我第二次造訪這座城市，上一次只有走馬看花地停留了

幾個小時，因此坦佩雷對我來說仍是個陌生的地方。

整潔、單調，向來是我對芬蘭中小型城市的印象。整潔，是國民素質的象徵。單調，是建築物一成不變的樣貌。不過，來到坦佩雷不到一個小時，就顛覆了我的想法。

時值夏日暖陽的美好氛圍，從火車站前筆直延伸而出的 Hämeenkatu 主幹道，兩旁商家林立，露天咖啡、酒吧個個高朋滿座。沿著用石磚砌成的大道走，映入眼簾的遍是一群群高談闊論、暢飲啤酒的畫面。地上滿是菸蒂。

心想，禮拜一下午四點，哪裡來這麼多沒班沒課的閒人？

「這是芬蘭唯一讓我覺得奇妙的地方，隨時隨地你都能看到無憂無慮暢飲啤酒的人們。」戴樂席打趣地說。

坦佩雷市區南北分別被兩大湖 Pyhäjärvi 和 Näsijärvi 包圍，水位相差十八公尺，因此銜接兩湖的運河成了重要的發電來源。穿越運河的 Hämeenkatu 就像一把利刃，將上城和下城一分為二。由火車站一路經過橋後，便是身為交通樞紐和鬧區中心點的「中央市場」（keskustori）。假日這裡會有市集，平時則是民眾閒晃消磨時光的所在。廣場的斜對角便是芬蘭的第一家麥當勞。

坦佩雷昔日為工業重鎮，許多的廢棄舊廠房，如今則做為展場、餐廳、酒吧、商店等空間。

坦佩雷曾是芬蘭的工業重鎮，從大街上望去，會看到許多直挺挺的大煙囪向天際伸去。博物館、商場、美術館等等，也都利用廢棄的廠房做為據點。磚紅色的廠房建築和街道上做為裝置藝術的工廠機具，默默點綴著曾經負有「芬蘭曼特斯徹」美名的坦佩雷城市景觀。

「啊！怎麼會這樣？」接近運河時，空氣中散發出一種腥臭味，戴樂席大叫。此刻的運河其醜無比，運河沒有水，只見幾具散落的怪手各自在充滿淤泥的河床上忙碌著。

「昨天還好好的。他們一定是開始進行運河的發電系統整修計畫了。」戴樂席說，「好醜喔，坦佩雷市政府竟然用這種方式歡迎你。」

飛鳥在泥沼中覓食，居民對著空蕩蕩的河床拍照，彷彿在紀念這歷史性的一項大工程。

我們在橋頭上的一間小酒吧與戴樂席的男朋友米可（Mikko）碰面。這間酒吧聽說頗負盛名，只是晚餐時間的客人寥寥無幾。戶外座位正對著乾涸的河床，灰沉沉的一片，表面凹凸不平，像隻醜陋的巨龍屍體枯萎在眼前。

「這裡平時其實很美，坐在露天座位喝東西很享受。」米可說，「你運氣真不好。」但對我來說，這樣的景象反而別有一番趣味。

右：以工廠機具做為裝置藝術，點綴街景。
左：街道旁的露天酒吧，總時時可見暢談、暢飲的芬蘭人。

米可體型壯碩，臉龐憨厚老實，講起話來卻有些油條。戴樂席先離開去上韻律課，留我和米可在這裡聊天。

米可在芬蘭出生，小學在香港念，中學又到了美國，大學則回到芬蘭。讀的都是國際學校，說得一口流利英語。成長歷程遍及歐、亞、美洲三地，這也是二十二歲的他言行舉止中散發出一種成熟氣息的原因吧！

「爸爸是跨國公司的主管，每過三、五年我們就要面對舉家遷移的命運。」他說。

「這樣不會覺得很麻煩嗎？」我喝了一口米可請的啤酒問。

「沒辦法，我爸爸認為小孩子的成長過程，家人必須要全程參與，不管去哪裡，大家都要一起行動。」他回答，「遷徙的過程蠻辛苦的。好像你剛把一張椅子坐得溫熱了，卻又不得不起身去坐另一張冷的。我的適應能力也在無形中慢慢磨練起來。」

米可和戴樂席交往一年，佑卡一家人都很喜歡他。說不上為什麼，米可給人的感覺就是一個穩重且值得信賴的人。

芬蘭大學生的娛樂：郵輪之旅和喝酒闖關遊戲

來到戴樂席在坦佩雷市郊租的公寓套房。我正在廚房裡手忙腳亂。

戴樂席說，她想念那時候我在他們家做的菜，尤其是麻婆豆腐。這個突然的要求讓我在大賣場裡團團轉，竭盡所能找出最相似的材料。

高中去芬蘭前從沒下過廚的我，當初因為走投無路所發揮出來的強大潛力，令我自己也佩服不已，但如今，兩年後，回到台灣過慣茶來伸手、飯來張口的日子後煮出來的東西，是否還能吃呢？

我不知道，只能硬著頭皮做了。

套房比我想像中的大許多，除了客廳、獨立乾濕分離衛浴、廚房以外，還有一間個人臥室。裝潢擺設典雅別緻，完全不像台灣大學生在外租賃的房子。

「這很正常啊！我們這邊的大學生租房子都差不多是這種規格，只是距離學校的遠近會影響房價而已。」戴樂席說。

「當你看過我們台灣大學生住的四到六人一間的上下鋪，就知道我為什麼這麼驚訝了。」我說。

「沒辦法，你們人多嘛！」她聳聳肩，做了個鬼臉。

戴樂席正就讀坦佩雷應用科技大學的實驗分析科系（Laboratorioanalytiikka），暑假過後就要展開大三的新生活。整個暑假她幾乎都待在「諾基亞輪胎」（Nokian Tyres）實習和工作。

「實驗分析系是在讀什麼？我之前好像沒聽過耶。」我把豆腐切成小塊，等一下準備下鍋。

「嗯，就是常常待在實驗室裡做一些原物料的分析和檢測之類的工作。我們念的通常都跟物理化學有很大的關係。」

「簡單來說，就是理化相關，但你們比較多在實作方面的練習，所以常常待在實驗室裡囉？」

「可以這麼說。」

米可跑來問說有什麼他可以幫忙的。

「都快做好了你才開口，那你去擺盤吧！」經過一個下午的暢談和相處，我和才認識不到一天的米可已能隨意開玩笑。

「哈，我就是看你快做好了才問的嘛！」他露出滑稽又詭異的笑容說。

果然是老油條。我在心裡暗自咒罵。

「芬蘭的大學生都玩什麼？」

「我們其實蠻依賴學生會的。學生會裡包含許多不同性質的社團，也常舉辦一些體育競賽、主題派對等等的活動。」戴樂席回答，「同時也是學生向學校發聲的管道之一。」

「哦，那跟我們台灣差不多嘛。」芬蘭大學生的生活似乎沒什麼新鮮刺激的。不像台灣交通方便，逛夜市、夜唱、夜衝等等有豐富的夜生活。不過這點卻也讓人匪夷所思，好像所有加上「夜」字的活動，就是一件不同凡響的事情，令台灣大學生滿腔熱血。反之，芬蘭人平常很早睡覺，而且他們很愛睡覺，只有偶爾去 bar 喝點小酒、跳個舞。

「別忘了我們還會去 cruise！」米可補充。「Cruise」（郵輪之旅）是這裡獨特的玩樂方式。

芬蘭位處波羅的海東北端，南邊隔著芬蘭灣與愛沙尼亞隔海相望，西面則是波斯尼亞灣與瑞典相接。這兩個國家，正是芬蘭人 cruise 的熱門目的地。

愛沙尼亞小而美，與芬蘭只有不到六十公里的海程距離，語言也與芬蘭語非常相近。重點是物價相對來說實在是太便宜了，特別是菸酒類。許多人去愛

芬蘭大學生最風靡的年度盛事 Hämeenkadun Appro。穿上連身工作服，喝酒闖關去吧！（照片提供、攝影／Terhi）

沙尼亞一趟，只是為了把一箱箱的香菸和酒類帶回芬蘭，旅行兼採購。

去瑞典的原因很簡單，因為航程需要過夜。郵輪上有房間包廂、舞廳、卡拉OK、夜店、live house 餐廳、健身中心、游泳池、超市百貨，簡直就是一座水上社區。在傍晚登船，隔天早上抵達，停留半天的時間又返航。大多數人都是為了享受在郵輪上與親友相聚的時光，並徹夜狂歡。

芬蘭人常常以 cruise 的方式進行聚會。我想，他們平日早早睡覺的習慣，就是要儲存這個時候的能量吧！

「有什麼比較特別的活動嗎？像是每年的傳統盛事？」我問。

「這就非 Hämeenkadun Appro 莫屬了。」戴樂席回答。

「Hämeenkadun Appro」簡單來說，就是一場喝酒的闖關遊戲。每年一度的「Hämeenkadun Appro」都在坦佩雷舉辦，而全芬蘭各地的大學生們都在十月份齊集，把這個城市擠得水洩不通。大家穿上五彩繽紛的連身工作服，闖蕩在城內大大小小有合作關係的酒吧。

從市中心出發，照著地圖的指示前往不同的酒吧，挑戰各式各樣的酒精飲品，過關後就可以拿到該關的郵戳，蓋在地圖上。完成所有關卡回到市中心廣場，就可以得到紀念徽章。

「嗯？才一個？那為什麼你們的連身服幾乎貼滿了？」我問。

「哦，因為 Hämeenkadun Appro 只是其中一項大學生的活動，還有其他很多的小活動，完成後都可以拿到徽章。當然，你也可以自己去買來裝飾衣服，但有些款式只能參加活動後得到，錢是買不到的。」米可說。

「所以說，連身服上愈多五彩繽紛的徽章，就代表你征戰無數囉？」

「沒錯。」

Hämeenkadun Appro 讓芬蘭的大學生活也跟著繽紛有趣。（照片提供、攝影／Terhi）

「這個闖關遊戲還分成五個等級。大學新鮮人必須從初級開始，男生必須完成七杯的分量，女生五杯。更高一級，各往上加兩杯，以此類推。」戴樂席說，「所以說，要達到最高級，大學至少讀五年，哈哈。」

「有人會為了這個活動延畢的嗎？」我半開玩笑地問。

「不會啦，畢業後還是可以參加的。」

初級到第三級的參賽者必須在四小時內完成地圖上所有關卡，其餘則是五小時。活動結束後，全部的人會集中到體育館聆聽芬蘭知名樂團的表演。

「你們真的是酒鬼，什麼活動幾乎都跟酒有關。」我調侃他們，「不過真的很特別，好想體驗看看！」

「啊，對了，告訴你一個好康的。我們讀大學是完全免費的，到現在大三了，我只繳過大約七十歐元的學生會費而已喔！這不是強制性的，想參加才參加，不過福利真的很多，所以大多數人都還是會繳。」戴樂席說，「而且我的房租四百五十歐元，也是政府全盤買單，每個月還會有零用錢。」

「太誇張了吧，我真應該搬來芬蘭的。」我傻眼。

麻婆豆腐大功告成了，我把它小心翼翼地均勻倒在白飯上，完成麻婆豆腐蓋飯。不吹牛，還真的頗有賣相。

我看著戴樂席慢慢地吃進第一口。

「怎麼樣啊？」我緊張地問。

「我真應該搬到台灣的。」她盯著我認真地說。

參觀諾基亞輪胎

清晨時分，天微亮。我掙扎著疲憊的身軀，從暖烘烘的被窩裡爬起來。早起，是為了今天一個重要的任務——到戴樂席的工作地點參訪。

「諾基亞輪胎」其實和現今以研發手機和行動通訊裝置而聞名的諾基亞公司

（Nokia Corporation）可以說是同根生。

一八六五年最初成立的諾基亞公司（Nokia Ab），主要是從事造紙及紙漿的生產。一九六七年，諾基亞公司與芬蘭橡膠廠及芬蘭電纜公司進行合併，成為今日著名的諾基亞公司（Nokia Corporation）。

但早在未合併前，一九三二年起，諾基亞橡膠廠就開始進行輪胎產品的生產。合併後的諾基亞公司便廣泛地發展事業，有造紙、輪胎、橡膠鞋、通信電纜、電視、電腦等電子產品及軍用通訊設備。到了九〇年代，諾基亞公司決定致力於較有發展潛力的通訊產業，而停止其餘事業的生產工作。一九八八年，輪胎部門決定和諾基亞公司分裂，自行成立諾基亞輪胎有限公司。

公車上乘客三三兩兩，前面坐著年輕的男人，拿著手機用流利的英文談生意。我們正從坦佩雷市郊往諾基亞市（Nokia）前進。

「像我們這種學生打工族，暑假就很搶手，呵呵。」戴樂席說。

「為什麼？」

「正職的人都去度假啦！對相關科系的學生來說是很好的實習機會。」

「那你的工作是做什麼呢？」

「嗯，應該可以說是在實驗室裡閒晃，還有試著不要擾亂其他人。哈哈！」

聽她這麼說，我一臉疑惑。

「好啦，等我們到了再慢慢解釋。」

儘管身為曾經是市佔率全球第一手機品牌的發源地，Nokia 仍舊與其他芬蘭的小型城市一樣，單調、簡樸。有趣的是，Nokia 原本不叫 Nokia。當地居民在一八六五年諾基亞公司成立後，便開始以諾基亞來稱呼整個茁壯繁榮的工業區，為了感謝諾基亞公司對地區的貢獻，才改名為 Nokia。

戴樂席工作的部門是實驗分析部。來這裡之前，戴樂席用 e-mail 跟主管詢問我是否能去參觀，但由於我不是什麼學校團體或參訪團而拒絕了。

戴樂席再寄一封信過去，說明我是從台灣來的，正在寫有關芬蘭年輕人生活經驗的書，主管便答應了。不過信中也跟我約法三章，不准拍攝原料名稱和數據相關的照片。對啊，說不定我是亞洲派來的輪胎間諜呢。

整間公司大得嚇人，穿越無數長廊和房間，氣喘如牛地爬完數層階梯後，終於結束迷宮般的探險，來到實驗分析部的區域。部門主管是個短髮、看起來幹練精明的中年婦女，和她簡短地打個照面後，她就逕自去忙碌了。

右：諾基亞輪胎的標誌。
左：諾基亞輪胎公司大樓。

戴樂席說主管這幾天非常忙，等一下又要準備開會，所以沒辦法接待我。辦公室裡沒什麼人，時針指向八點鐘。戴樂席說芬蘭公司的工作時間很彈性，早到就早退，晚到就得晚走，自己決定。果然很芬蘭式的原則。

換上白袍，戴樂席領著我到部門內各個大大小小的實驗室參觀。

製作輪胎是門大學問。橡膠的延展度、組成成分的比例、添加物，還有胎紋的圖案，都是影響輪胎好壞和功能性的關鍵。輪胎又有季節及用途之分，不同功能的輪胎所搭配的原料和數據都有差異。像是冬季用的雪地胎，胎紋更小且表面有小鋼釘，以增加抓地力，而雪地胎又分成好幾種類型，針對不同的車種及使用途徑做設計。

戴樂席平常的工作就是遊走這些實驗室，檢測由研發部門丟下來的數據或樣本是否正確無誤。

「這個工作其實不難，只要懂得操作這些實驗儀器。不過當樣本數量多的時候，真的會忙得不可開交。」她邊操作著儀器邊跟我解釋。

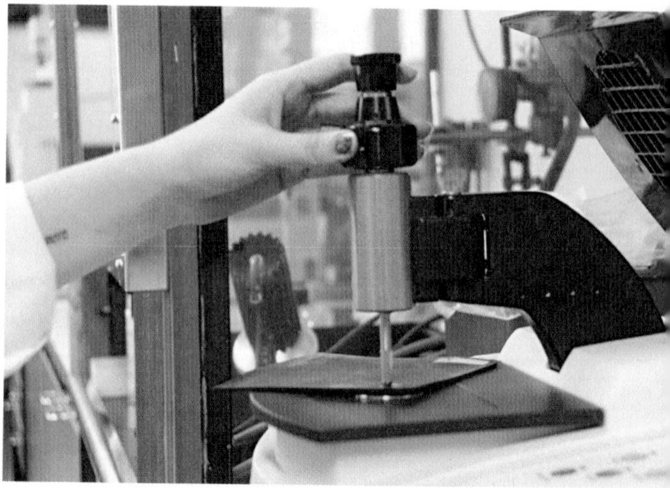

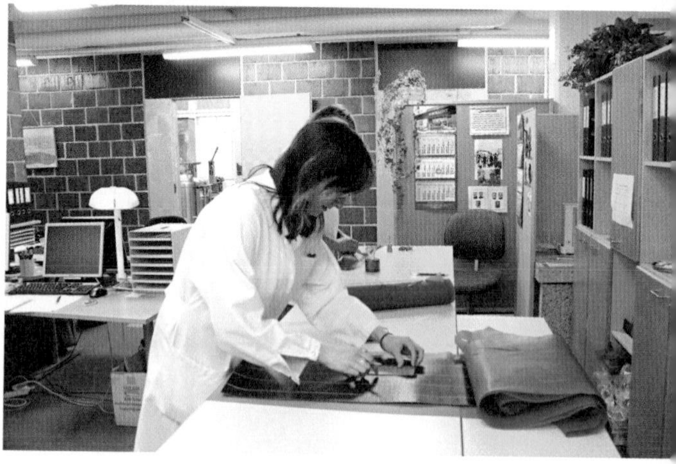

實驗室裡大大小小的各種儀器，都在為輪胎的品質檢驗與把關。

今天剛好是戴樂席在這裡工作的最後一天，她自己在家裡做了蛋糕請大家吃。十點一到，部門的全體職員都齊聚一起享用咖啡和甜點，悠閒地閒話家常。

「這也太爽了吧！才工作沒兩個小時就休息。」我說。

「這是我們上午的 Coffee break。中餐過後，還有下午茶時間呢！」

餐後，戴樂席和另一位職員帶我去參觀樓下輪胎工廠的製作情形。廠房大的看不見盡頭，空氣中瀰漫著刺鼻的橡膠味。全自動化的生產過程，快速，人事成本低，輪胎像母雞生蛋般不停從大型機具滑了出來。

「像妳這樣，能在就學時到相關領域的工作環境實習，真好。」我感慨地說，「可以先了解未來工作環境的狀況，不會一畢業就不知所措。」

「其實芬蘭學生在中學的時候就有這樣的機會。」戴樂席說。

八、九年級的芬蘭中學生能有二到四週的時間，選擇一個自己嚮往的職業去實習。**以後想要當什麼？不紙上談兵，去實際體驗就對了。**這份職業是否是自己心目中想像的那個模樣，不喜歡、不適合，明年再換一個試看看。這就是芬蘭教育「務實」的例子之一。

在這份工作之前，戴樂席也曾經嘗試過許多不同的工作，像是網球場的販賣部，酒吧裡的服務生等等。

「我喜歡與人交際的工作。但即將升上大三了，在面臨未來時，我必須有些相關的實作經驗。」她說，「而不只是坐在書桌前，把知識不斷地往腦袋裡塞。」

在和戴樂席重逢相處的短短幾天，我開始對學習的方式有些體認。不管是念什麼樣的科系，任何的生活經驗都值得一一去嘗試。

憧憬建築設計，那就走訪各地去尋找啟發線條和幾何美學的靈感；想當導演，那就多接觸文學，培養用鏡頭說故事的能力；想學習外語，就到那個國家去生活一段日子。藉由這些「實際經驗」的累積，一個人的力量也會日漸成長，因為你將擁有別人在書桌前得不到的感受。

關於未來，我們也許有很多想像，但卻也很少機會，或者說沒有膽量，甚至不被允許和認同，可以放手一搏嘗試描繪出自己想要的人生藍圖。我看到戴樂席用自己的實踐力，逐漸構築出自己那份想像。

和戴樂席道別後，我獨自一人搭車返回曼查拉，結束四天的坦佩雷之旅。公車平穩地行駛著，傍晚的斜陽打在金黃色的麥田上，閃閃動人。乳牛和馬兒慵懶地賴在草地上。前排座位剛剛互相認識的老婦和老人，輕聲地天南地北聊起來。風景不斷在退後。

我忽然覺得很感動。可能是這幾個禮拜以來，看到太多正在認真生活、規劃生活的年輕人，觸動了我內心深處那些埋藏已久的疑問和不安，開始反省自己的生活。

也許這就是旅行的魅力吧！

我很幸運，能夠有這樣的際遇與機會，看見在不同國度裡的不同故事。

車站，依然是我喜歡駐足停留、欣賞人群的地方。這裡是人文的交會點，也是夢想的起點，每個人都帶著屬於自己的背景與故事，朝著某個方向前進。

「那麼屬於我的故事又該是什麼樣子呢？」我在心中默默問著自己，伴隨著公車發出的低鳴引擎聲。

第四部

生活力

Sisu 是芬蘭人的記憶與共同識別，他們試著追尋什麼，絕不輕言放棄。身為台灣的年輕一代，屬於我們的 sisu 又是什麼？

不要害怕停留
費拉的閱讀障礙與廚師路

「欸，你等一下沒事不要亂說話喔！」意塔趁費拉和艾力克斯（Aleksi）回到家前叮嚀我，我疑惑地看著她。「沒錯，他們又吵架了。」她用習以為常的調侃口吻說道。

我寄住在費拉和艾力克斯暑假前才剛租到的新公寓，費拉的好姊妹意塔時常來拜訪。他們三人都是在曼查拉高中的同學，一聽到我暑假要來，而且沒地方住，費拉就自告奮勇要我住在他們那邊。

這次的芬蘭行我就以這樣的方式，處處詢問朋友，哪裡有空房或沙發就厚著臉皮借住，短則一天，長則一個多禮拜，所以完全沒有花到住宿費。也因此，這個假期我不停地遷徙，從城南跑到城北，從豪宅大院到雜亂小屋，從鄉野小鎮到工業大城。短短一個月，真真實實地貼近他們的日常生活。

費拉的新公寓與曼查拉市中心體育場隔著一條馬路對望，全新落成。以暗紅色的磚牆點綴外觀，每戶陽台上都有潔淨的可移動式大玻璃窗面，整棟建築

從費拉的公寓陽台看出去的風景。

物呈現新穎現代又帶點傳統磚房的味道。套房內簡約清新，一房一廳一衛一廚，洗碗機是標準配備，還有偌大的陽台。費拉和交往數年的男友艾力克斯合住，月租約四百五十歐元。

「寄人籬下就是有這種尷尬的困擾。」我苦笑。

「嗯，他們之前就分分合合幾次了，同居後更常吵吵鬧鬧的。這次好像是因為食物上的意見不合吧！費拉喜歡吃簡單的麵食，艾力克斯是被寵著長大的小孩，每餐都想吃披薩、漢堡。」意塔說。

「常吵架的話，為什麼還要住在一起呢？」

「這個你只能問她囉！」房門傳出鑰匙轉動的聲音，聽腳步聲，知道是費拉回來了。我把疑問告訴她。

「沒辦法，我就是喜歡他。住在一起才能了解彼此的優缺點，或者說更清楚認識一個你愛的人。況且當初我就已經跟我媽說要自己出來好好磨練，說什麼也不能因為一點小爭執而打退堂鼓。」她回答。

「這個情況在芬蘭很普遍嗎？在你們這個年齡（約二十歲）？」我問。

「沒錯。」

在我的整體印象中，芬蘭年輕人蠻早就成熟地去看待一段感情。通常在高中畢業後，便開始考慮和穩定的對象一起生活。兩人一起分攤房租、伙食費，學習處理生活上的瑣碎雜事。

待在他們那裡一個多禮拜，白天費拉和艾力克斯各自去上班，我就在屋內整理照片和規劃行程。有時就自己一個人騎著腳踏車到市區繞繞，看能不能遇見一些老朋友。

我曾多次陪費拉到超市去採買料理的食材，每回她那檢視材料價格和搭配方式的細心模樣，我怎麼看都不像是一個高中還沒念完的女生。

費拉有閱讀障礙。高中念了一年半就自己退學了。

「老師們都以為我很懶惰，但事實上不然，只是讀起來太吃力了。」費拉解釋。

「妳為什麼不開醫生證明給他們看呢？」

「我試過了，但沒有用。到後來我就放棄了。」

陪費拉（左）和意塔上超市採買。費拉有著當廚師的夢想。

我不敢相信教育形象如此優良的芬蘭會發生這種事。我後來回到學校找老師聊天時提及此事，她說她沒有印象費拉曾提到關於閱讀障礙的狀況。但費拉沒有說謊，費拉媽媽親口跟我證實她有閱讀障礙。這其中一定有什麼誤會。

連高中學歷都沒有的費拉其實想當廚師，她非常喜歡做菜。中斷高中學業後，曾到廚藝學校上課，直到今年又停止。

「喜歡煮菜的話，幹嘛不繼續？」

「我想休息一下。先工作一陣子，存點錢，等我準備好了再去考廚師執照。」

她現在在市區「K Supermarket」裡的漢堡店工作，最近剛升職為分店經理，時薪大約十三歐元，假日班雙倍，假日晚班三倍。但在芬蘭不管是否在學，所得全部都要繳稅，也是累進稅率制，賺得越多，繳得越多。她說在這裡工作，了解連鎖餐飲店的經營模式，也許對自己的未來有所幫助。

休息，是為了等靈魂趕上來

某個假日，費拉整天有班，她媽媽艾雅邀請我到他們家玩。我趁機問艾雅對費拉在外獨立生活的看法。

「我知道她有時候會很迷惘，不知道現在的自己能做什麼。」艾雅說。

的確，待在費拉那裡時，我三不五時便聽見她唉聲嘆氣，抱怨生活不易、工作疲累。

「但我想她需要磨練，也需要時間，學習自己打點生活，還有對未來做準備。」她繼續說。

「妳會擔心她嗎？我的意思是她高中沒念完，也沒打算繼續就學。」我其實想說的是，沒有學歷，人生不就如同沒有了保障？就好像一件產品，若沒有任何認證，買家會不安心。

「沒什麼擔不擔心的，這是她的生活，她自己選擇，然後自己負責。我要做的是在背後全力支持她。」她回答，「何況學歷並不代表一切。它是一項證明沒錯，但在芬蘭，我們注重的是能力。閱讀障礙讓她不能走讀書這條路，但她自己能找到另一個出口的。就像她對烹飪有興趣，也許日後會遇到許多困難，但這就是人生，不可能一路順遂。」

意塔和費拉時常分享彼此的近況。

「當她跟我提出想要離家自己生活時，我有點嚇到。」艾雅繼續說，「她大可以在家裡當米蟲，我也不會有什麼怨言。」

「但是誰願意這麼沒上進心呢？」我看著艾雅，試圖咀嚼她所傳達的想法。她則用笑容回應了我。

「我想休息一下。先工作一陣子，存點錢，等我準備好了再去考廚師執照。」當費拉這麼說的時候，我突然覺得很羨慕。

在我的記憶中，生活就是不停地準備面對下一段的升學，少了一種純粹為了休息、為了思考下一個目標而停留的時期。芬蘭人不認為這是青春理想的模樣，年輕人有膽識、也有機會給自己一段時間，勇敢出去闖闖。不管到哪裡、做什麼，他們學習、衝撞，並體會社會最真實的一面。

芬蘭學生高中畢業後，不急著馬上念大學，而是去探索自我，準備好了再出發；對相對落後的孩子，不給予趕上其他「優秀」孩子的壓力，而是提供機會、鼓勵與時間，讓他們為自己的人生努力。台灣大多數的人總是馬不停蹄地趕到下一個目的地，深怕落後別人一步。這是國情不同，性情兩樣。

如果費拉是一個台灣小孩，有閱讀障礙，沒有高中學歷，她有機會出來自己獨立生活，慢慢朝著理想前進嗎？

有一則故事是這麼說的。

從前有個歐洲的探險家到北美洲去尋寶，雇了許多當地土著幫忙扛行李。第一天他們拚命趕路，走了很遠。第二天他們照常拚命地走，走得更遠了。第三天仍然如此。

到了第六天，那些土著忽然不肯工作了。他們坐在行李旁休息，抽著菸管，悠閒地望著天上的雲，就是不肯往前走。

探險家叫翻譯去問他們怠工的原因：「是不是前面有什麼不能碰觸的禁忌？或者有極大的危險？」土著們搖搖頭。

「那是有人生病了？」「還是想加薪？想減少工時？」土著們說都不是。

「那為什麼不走了呢？」探險家再問。

「我們走得太快了，現在得停住，等靈魂趕上來。」土著悠悠地回答。

公寓玄關傳來很大的開門聲響，艾力克斯用力把鞋子踢在一旁，包包也隨手丟在沙發上，直接進房去了。意塔和費拉四目相接，噘了噘嘴。「會不會餓？我來弄點吃的。」費拉自言自語。

我忽然覺得，芬蘭年輕人這樣的生活方式，有種微妙的幸福。

獨立生活，為自己負責，這是屬於芬蘭人的青春模樣。

酒醉文化
酒精讓芬蘭人開了口

Juoppo（酗酒者）是芬蘭的一個社會問題。他們好手好腳，卻不工作，整日爛醉如泥。

在芬蘭的法律中，遊民是不允許存在的，因為那可能是社會治安的一顆不定時炸彈。因此，「Kela」（芬蘭社會福利機構）會幫助這些人取得基本生活所需的一切，例如住所、食物等等。

但Kela不會給他們任何金錢，取而代之的是類似儲值卡的使用。遊民可以用儲值卡在超市取得日常生活用品，但不能買其餘不相關的東西。

「欸，對了，那他們的酒是從哪裡來的？」這是個匪夷所思的問題。他們沒有錢，怎麼買酒？況且酒精濃度二二%以上的烈酒，在芬蘭是屬於專賣制的商品，必須到「Alko」（國家酒品專賣店）才能買到。

「他們就是有管道從這些生活用品中換來酒類。」馬帝（Matti）說，「政府也無能為力，只好睜一隻眼閉一隻眼。」

「難道不會覺得很氣嗎？這些人不用工作，整天酗酒，也能獲得日常生活所需，而你們這些納稅人卻要養他們。」

「這就是他們選擇的生活方式。」他回答，「芬蘭的社福制度是讓每個人都有基本的生存權，我們只能尊重每個人的選擇。」

馬帝是我在芬蘭最好的朋友之一，這個小個子金髮男孩活潑外向，剛好和一般芬蘭人沉默寡言的個性相反。也因為他的關係，我在芬蘭才能漸漸打開交友圈。

和馬帝漸漸熟絡之後，我們幾乎無話不談。關於我知道的，我們交換芬蘭和台灣兩地不同的看法和觀點；關於我不知道的，他給我許多寶貴的意見和知識。對於芬蘭，我一有不明瞭的事情，總是尋求他的協助。

總之，他是一個很有想法的青年。

馬帝和大部分的芬蘭男生一樣，高中畢業後就去進行義務兵役。這趟夏日芬蘭行與他見面的次數只有兩次，一次是在他難得的休假期間，他回到家鄉曼查拉；第二次則是我要回台灣前一天，跑到他服役的城市拉提和他道別。

「剛剛那裡是芬蘭國防軍（The Finnish Defence Forces）的拉提分部。」馬帝說。

右：Kela是芬蘭的社會福利機構。
左：正在服兵役的馬帝，目標是去坦佩雷念生物科技。

我們本來約好要在營區見面，他要好好跟我介紹軍隊的生活。但似乎訪客申請的程序出了問題，我又是外國人，因此特別敏感。我們只好轉移陣地，來到拉提市中心購物商場裡的一家咖啡廳。

這個城市我來過許多次，因此不陌生，而這家咖啡廳也是我非常喜歡的一個地方，有一整排潔淨的大窗戶，可以看到人來人往的街頭，很有人群流動的活潑感。我們坐在這裡像從前一樣，什麼都聊。

「當兵很辛苦吧？」我問。

「不會辛苦，因為我是幹部。」芬蘭的服役時間分為六個月、九個月和一年，可以依照訓練的結果和個人的意願做選擇。馬帝的測驗成績相當好，所以被選為要服役一年的班長。

我還沒當過兵，只能細細聽他分享軍中的大小事，一方面也想好一些問題要和他討論。

「你知道嗎？回到台灣後，我一時反應不過來的竟然是沒有酒精的社交環境。這種感覺太詭異了。」

「怎麼說？」

派對是芬蘭學生彼此熟絡的最佳場合與機會。派對中與約拿斯（Joonas）合影。

「你回想看看，我在芬蘭的朋友，不都幾乎是在派對上認識的？」我給他一個肯定的眼神。

派對、喝酒與瀑布遊戲

當初來到芬蘭念書，我的第一個文化衝擊是人際關係的建立。芬蘭高中生待在學校的時間短，同科目的課堂每週只上兩次，每門課的同學又不盡相同，下了課大家就各自奔往不同的教室，沒課的人就離開學校。沒有社團活動，更沒有補習班。

整體的學習環境就像大學一般，很自由，同學也都只有在課堂上才會碰面。有別於台灣的高中以班級為重心的生活方式，讓我一開始便不知所措，而芬蘭人冷酷內向的外表和孤僻的民族性，也使我的人際關係發展處處碰壁。

曾經有人說，要在公車上看見兩個芬蘭陌生人互相交談，簡直是不可能的事情。是行動電話的發明，漸漸緩解了芬蘭人在面對面時無語的寡言性情。

另一個說法則是，酒精讓芬蘭人開了口。

交換學生時期，開學的前一個月我幾乎沒什麼朋友，只能穿梭在充滿異樣眼光的人群裡。是馬帝常常帶我參加他們週末和不同節日的派對，才逐漸瓦解了彼此間的隔閡。

在不同的派對中，時常會遇見拿著酒瓶搖搖擺擺過來和我說話的同學，可是在學校見面時，我們卻從來沒說過半句話。

我想過可能是種族歧視、場合使然，還是什麼樣的原因，讓我無法迅速融入芬蘭人的圈子。但他們卻說了一句：「因為我們當時不夠醉，所以不敢跟你講話。」

他們解釋，因為力求完美形象，怕自己的破英文出糗。但若喝醉了，就能拿這個當藉口掩飾。

不只是身為外國人的我，芬蘭的高中生也很難在學校裡面認識朋友，幾乎都僅止於點頭之交，所以各式各樣的派對，是他們彼此熟絡的最佳場合與機會。

生日派對是最普遍的一種，幾乎週週都有。學校裡只要有人發出生日邀請，不管熟不熟，都可以出席。想像常常在好萊塢電影裡看到的那些派對，一整間屋子，人滿為患，有時主辦者根本不知道房子裡出現的人到底是從哪裡冒出來的。差不多就是這個樣子。

右：草地是年輕人聚集狂歡的好地方。
左：芬蘭人喜歡開各種派對，少不了的重要主角就是酒。（照片提供、攝影／Janna）

芬蘭的五一勞動節（Vappu），年輕人會聚集在草皮上，慶祝夏天的到來。到了五月底，地區的各級學校開始放暑假，學生們不分年齡也都會聚在一塊兒，迎接假期的來臨。聖誕節、跨年、仲夏節，這些盛大的節日也不例外。

芬蘭不像台灣有許多休閒娛樂場所，在家中舉辦派對是他們最普遍的娛樂方式。酒精，則扮演了重要的角色。

他們很喜歡在派對中玩一種叫「瀑布」的紙牌遊戲。

這個遊戲沒有人數限制，每個人要準備足夠的酒精飲料，圍成一圈。撲克牌放中間，輪流抽牌，依照抽到的數字與顏色做相對應的指令。

桌上、地上、手上，總有許多瓶瓶罐罐，好讓芬蘭人敞開內心，暢所欲言。

抽中紅色二至七數字牌的人，可以指定一或數人喝牌面上數字口的酒。例如我抽到紅心五，就可以指定馬帝喝五口，也可以分散給其他幾個人喝。如果抽到黑色二至七數字牌的話，就得自己喝。

抽到數字八的人，可以在遊戲中的任何時候做任何動作，而所有人都必須模仿同樣的動作，最後發現的人就要罰喝。

數字九像是一張功能卡，必要的時候可以去上廁所或到戶外抽菸，沒有的話就不能隨便離開牌局。

抽到十，就是所謂的「瀑布」。所有人同時舉杯開始喝，下家必須等到上家停止後才能把酒瓶放下，如果想害人的話，可以選擇繼續喝，所以通常抽中十的上家必須喝最多。這個情況下，酒就像瀑布般不停地傾洩入口，遊戲便是因此得名。

抽到 Jack 的人，必須馬上拍自己的額頭，最後拍的人就要喝。

Queen 是腦力激盪，抽中者必須想一個主題，大家輪流說出相關的品牌或物件。例如提到車子，輪到你時就要說出一種汽車的品牌，想不到就算輸了。

King 和 Ace 很類似，前者是由大家集思廣益想一個規定，後者則是抽到的人定規則，違反的就得喝。例如，我如果抽到 Ace，我就可以說，只要我喝一口，

天空仍隱隱泛白，即使接近午夜十一點，芬蘭年輕人還是捨不得睡覺。

大家都得喝雙倍；或者抽到King，大家決議不能說髒話，不小心說的人就要罰喝。

這個遊戲說實在沒什麼意義，只是把喝酒這件事變得有趣。

人與人之間的關係，就在遊戲中逐漸熱絡起來，伴隨著酒精的催化，陌生的拘謹感也逐一化解。

為醉而醉的精神

芬蘭冬季的漫漫長夜使人憂鬱，一天當中只有三到四個小時從厚厚雲層中滲透出來的微亮天光，其餘時間完全漆黑，北部地區甚至有一段時間的永夜。

隨著日照時間的縮短，我能觀察到周圍芬蘭人的笑容也隨之減少。我發現，「氣候」是養成芬蘭人這種憂鬱性格的主要原因。

在清醒的時候，芬蘭人是不擅長社交的民族，內斂、沉穩是他們統一的外表與特徵，但事實上，他們卻不完全是表裡如一的。在喝醉的時候，酒精彷彿輕易化解了他們那頑強的武裝。

暢所欲言，正是他們內心所渴望的。他們依賴酒精，藉由這個媒介，讓它自然而然戰勝那根深蒂固的民族性。像是一種捷徑，跳過那個對他們來說困難重重的步驟，直接到達目的地。就好像失眠患者需要依賴安眠藥入睡一樣，芬蘭人需要一種力量，來克服天生的孤僻性格。

芬蘭人有多愛喝酒？就連洗桑拿浴都要把啤酒帶進去一起作伴。

酒精，讓他們有了像 Juoppo 這種矛盾的社會負擔；但也因為酒精，芬蘭人找到了解放自己的出口。

「你們為什麼這麼愛喝酒啊？」其實身為旁觀者的我心中已有答案，但仍想知道芬蘭人自己的回答。

「我也不清楚，」馬帝露出尷尬的表情，「就是愛喝啊！我真的沒辦法想像不喝酒的生活耶。但在某方面，我想也許我們追求的，是那種為醉而醉的精神吧！哈哈！」

天色不早了，路上的行人來去匆匆，只為了早點回到溫暖的家。馬帝開車送

芬蘭人是愛酒的民族。國家酒品專賣店（Alko）裡陳列著各種酒類。

我到拉提火車站。

再過一百多天就可以退伍的他，接著會先回曼查拉找份短暫的工作，存點錢，同時準備大學的入學考試。他說他想去坦佩雷念生物科技，這是他非常感興趣的領域，順利的話得讀六年，將來想當個工程師。

「但是天曉得事情會不會照著我想的方式走。」在我下車後，他壓低身子，透過車窗和我說話。「是或不是都好，生命就是要有些神秘和未知的成分才有趣。對吧？」

氣氛有點感傷，因為不知道下次見面會是什麼時候了。

我一個人拿著相機、背著背包，站在月台上。旅客寥寥無幾。

「對啊，有時候人生的抉擇不必那麼戰戰兢兢、小心翼翼，就像芬蘭人為醉而醉的精神一樣，不需要太多理由。」列車緩緩進站，而我即將離去。

碧湖、桑拿和 sisu 精神

芬蘭人的記憶與共同識別

芬蘭境內共有十八萬七千八百八十八個湖泊，和十七萬九千五百八十四座島嶼。地形平坦，森林地佔全國總面積的六九%。純淨的自然環境是芬蘭人的寶貴資產，生活上的依賴。就像高山和丘陵是台灣人逃離都市喧鬧的心靈之地。

多數芬蘭家庭都會在市郊、鄉村，甚至北部拉普蘭省的偏遠地區擁有一棟度假小屋（mökki），租賃的方式也相當普及。mökki 的等級範圍相當廣，從沒有水電、幾近原始生活的，到功能完整、裝潢華麗的現代別墅都有。

這些小屋都有一個共同點，不是位在湖邊，就是離湖邊非常近。通常湖泊就

我們來到羅貝的度假小屋，體驗被大自然擁抱的悠閒。

碼頭，是出發的起點。世界有多大，
在於我們的目光看多遠。

是被森林包圍著。

這種 mökki 式的度假不僅在芬蘭，整個斯堪地納維亞地區都非常盛行，像是他們的第二個家。我原本以為這是老一輩的人，或是和家族旅行時才會去的休閒住所，年輕人怎麼可能喜歡在這種大自然的無趣環境中度過假期？

沒想到我在芬蘭的最後一個週末，一群朋友竟邀請我去曼查拉郊區的一處 mökki，他們稱做是露營。我百思不解，於是跟去一探，瞧瞧這種度假方式到底是怎麼回事。

Mökki 是羅貝（Roope）的，他是安妮卡、那個義芬混血女生的男朋友。今年夏天我才和他認識，是一個說話誠懇、有禮貌的二十歲男生，現在在赫爾辛基念工程研究。

由於是完全木造的建築，整間屋子散發著濃濃的木頭清香。只有一層樓，但麻雀雖小五臟俱全。羅貝說，這棟房子的屋齡超過二十年，從他有記憶以來的兒時寒暑假都是在這裡度過，充滿了伴隨他一路成長的回憶。

屋前有個小草皮，是用來紮營、生火的地方。再往前走，則有個狹長的小碼頭，伸向一座湖，碼頭的欄杆旁綁著一條小船，船上有兩支木製的槳，看起來很重。

「這座湖非常小，大概划兩個小時就能繞一圈回來。」羅貝指著湖另一頭的樹林，說那邊就是盡頭。但因為距離太遠，那些樹看起來就像針一樣細小。

「兩個小時！」這對他們叫做「非常小」的湖。

趁天光尚未褪去前，我們一夥人趕緊把帶來的帳篷搭起來。此次同行的還有安妮卡、央娜、尼可（Nico）、勞拉、央尼（Jani）、戴樂席和艾莉絲，我們人太多了，小屋住不下，乾脆在屋外紮營露宿。

我和羅貝、尼可三人去附近的樹林找帶葉的樺樹枝（vihta），晚上洗桑拿浴時要用來拍打身體。這是芬蘭桑拿的傳統，有促進血液循環的功效。

我們把折下來的樹枝聚集成好幾捆，像是一大束要送禮的花。正當我思考著要如何把底部固定時，只見尼可把其中一根樹枝的樹皮撕下來，就成了天然現成的繩子。

「你們是怎麼學會做 vihta 的？學校教的嗎？」我很好奇他們從哪裡得來這些知識。

搭帳篷，撕樹皮，捆綁樺樹枝，自己玩也要自己學。

「網路上啊，小時候出去玩都是大人幫我們做，現在我們自己出來玩，得自己找方法學。」尼可回答。我實在很佩服芬蘭年輕人主動的自學態度。

應我的要求，幾個人陪我搭上了小船，準備遊湖。太陽和煦地在我們的臉龐和風衣上加溫，風雖然是冷的，卻不會感到一絲寒意。湖水看起來有些混濁，但央娜說其實水很乾淨，是因為湖底有泥濘、石頭還有深綠色的海草。

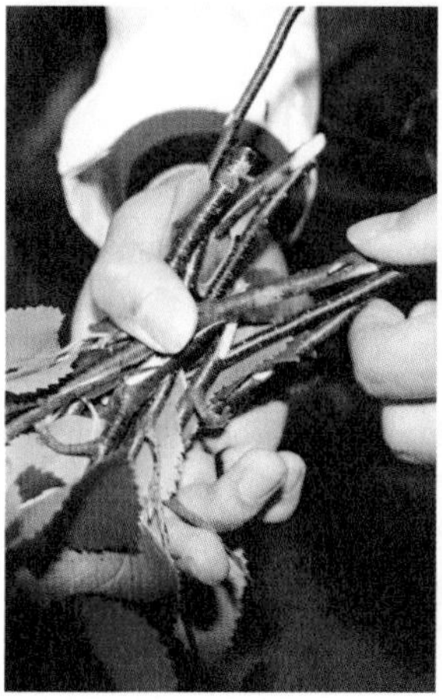

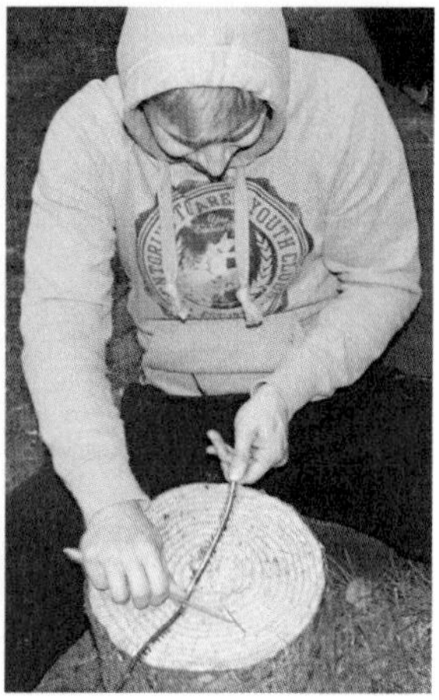

尼可將船划了一段距離後，我們離岸邊愈來愈遠，他問我想不想試試看，我當然說好。果然有些吃力，但抓到訣竅後，移動的速度逐漸平穩。

我們已經逐漸接近湖的中央，視野遼闊，陽光柔和，大片雲朵層次分明地盤佇在天空中，好像隨時會壓蓋下來。我深深地吸了一口氣，試圖擺脫那種視覺上的詭異壓迫感。

周遭的湖光景色很真實，沒有任何虛浮華燦的奇景，讓人感到一種失語的靜謐。像是被一種力量控制著，大夥兒突然不再興奮地說話，耳邊傳來的只有我手中船槳勾起水花的簌簌湖水聲，持續了好一陣子。

有種熟悉的感覺，記憶彷彿拉回到在羅凡尼米的那次午夜划船。

「這樣的環境真棒。」我首先打破沉默。

「是啊，容易使人憂鬱。」尼可笑著說，「或許就是因為環境和氣候，我們

氣候，讓芬蘭人容易憂鬱，卻也從大自然的靜謐中獲得力量。

芬蘭人才會如此多愁善感吧！」

「哈哈！的確，連我也感受到這樣的氛圍了。」

湖泊與森林，對芬蘭人來說何其重要。夏天喜歡在湖裡游泳，冬天也硬要把結冰的湖面挖個洞跳下去。唯一的經濟利益是少量的魚產，只限於自給自足，但不抓幼魚。森林，則是野菇和莓果的盛產地，是林木業的根源，也是定向越野活動的重要場地。但這些都不是最重要的。

「還記得歡迎派對上那幾個義大利來的男生嗎？我們也帶他們去許多像這樣的地方玩。」安妮卡說。

「記得啊，幹嘛突然問？」

「前幾天我才收到訊息，他們已經回義大利了，卻始終對芬蘭的種種念念不忘。信中最後有一句話，其中一個人說：『從來沒有想過，芬蘭讓我感覺找到了自我。』」

芬蘭的湖泊與森林，彷彿具有一種神奇的力量，一種大自然的提醒和呼喚。

體會芬蘭式思考：啟發、引導和運用

野炊設備雖然簡陋，坐擁自然即是享受。

回到岸上，待在原地的羅貝已把營火升好，等著我們回來準備晚餐。設備有些簡陋，我們分工合作，有人拿著燈具幫忙照明，有人負責搧風控制火侯，另一些人則處理食材。芬蘭的烤肉食材相當單調，雞肉排、翅膀、芬式香腸，而且全都是生硬的冷凍食品，連蔬菜也是。不像台灣，烤肉時成堆的新鮮海鮮、肉品、蔬果，和其他像是豬血糕、豆干、甜不辣等配料。

天色暗了下來，氣溫倏忽間就像從夏天變成冬天，冷得讓人直打哆嗦。我們在微微月光下把食物裝盤，帶進有暖氣的室內享用。

客廳裡的長餐桌正好容納得下我們十個人，天花板上的復古垂燈將整間屋子照得通明，大壁爐燒著柴火，劈哩啪啦作響，充滿昏黃的懷舊感。

「你什麼時候回台灣？」羅貝問。

「很快，三天後的飛機。」

「目前為止的經歷還滿意嗎？有什麼印象深刻的？」說完後，他把一整瓶可樂咕嚕咕嚕地灌下肚，然後兩眼直盯著

我。其餘的人本來正埋頭吃著食物，也都停了下來，像是在等待我的回答。

在芬蘭當交換學生的那段時光，十六歲，初次體認到世界之大，跟著曼查拉高中的腳步，逐步去了解獨樹一格的教育方式。競爭，從來不是他們對於求學過程的重心，取而代之的則是啟發、引導和運用。因為芬蘭人認為，這才是教育的根本意義，並呼應在他們務本的生活態度當中。

過去，我著重在體驗芬蘭的風俗文化、教育制度和生活方式，對於年輕人在描繪未來人生方向的想法上卻一知半解，那時的我還沉浸在強大的文化衝擊與感嘆之中，沒有餘力去探索。這次重返舊地，一一拜訪好友，和他們一起生活，觀察、體會他們在人生最精華的時段——高中畢業後，所抱持的人生觀。

「收穫很多，我不但感受到很多不同的教育理念，也逐漸理解芬蘭的年輕人是怎麼樣思考及規劃自己的人生。」我回答，「有些人等待機會，有些人選擇離開舒適圈，有些人勇敢嘗試和探索，有些人不斷訓練自己成為更好的球員，有些人則照著自己的興趣做出決定。」

在這同時，我發現安妮卡正透過電話，用義大利語和在義大利老家的爸爸談話，笑聲不斷。

「我嘗試，至少努力試著將這些領悟和故事融入在我的人生經驗當中，希望

夜幕低垂，大家分工合作準備晚餐。

能激出些什麼火花。」我繼續說，「但我不知道回到了台灣的環境，這些想法和價值觀是不是還是像天方夜譚般虛幻？」羅貝微微一笑，點了點頭。

「對了，Henry，你有沒有在芬蘭的冬天跳到冰湖裡游泳過？」羅貝突然想到什麼似地開口問。

「當然沒有啊！這太瘋狂了，我哪敢。」我想也不想就脫口而出。

「那你還不算是真正體會到芬蘭，因為你不懂 sisu。」他一臉嚴肅卻又彷彿不懷好意地想表達些什麼。

「Sisu……？」我還陷在疑惑當中，卻被央娜打斷思緒。

「你們剛剛什麼事這麼好笑啊？」央娜開玩笑地輕輕推了一下安妮卡的太陽穴，她的腦袋順勢往另一邊倒。

「我爸打電話來問我在幹嘛，我說我們一群人在 mökki 度假，等會兒要一起去洗桑拿浴。他聽完後馬上大笑說：『那你們等一下就會有刺激的團體性愛了。』我只能陪他大笑囉。」大家聽到這樣的話也都笑得樂不可支，直說義大利人的熱情與開放真的很逗趣。我則脹紅著臉，若無其事地傻笑。

「其實芬蘭浴的桑拿室，可以說是除了教堂以外最神聖的地方。安妮卡的爸

對芬蘭人來說，桑拿是生活中不可或缺的一部分。
右：度假小屋的傳統桑拿室。
左：羅貝正在準備燒爐。

爸真是大錯特錯了。」羅貝一邊把乾柴往火爐裡送，一邊仔細檢視著火勢的強度，好拿捏木柴的分量。我和他在大家吃飽喝足、待在屋內玩桌遊時，到戶外的獨立桑拿木屋做準備工作。

芬蘭的桑拿文化

羅貝這裡的 mökki 擁有二十多年的歷史，包括桑拿室。現代芬蘭家庭所使用的桑拿非常方便，通常就建在家中的浴室周圍，前二十分鐘把插了電的爐子（kiuas）開關打開，就會自動加熱鋪在表面的熱石上，時間一到，便能在上面灑水製造蒸氣，快速又省力。

這裡用的是傳統桑拿（savusauna），也稱做煙霧桑拿。通常與房子主體分離，有自己獨立的空間，需要穿越戶外才能使用。裡頭有一台普通洗衣機大小、像是大鍋爐的老式 kiuas，上頭接著一根長長的大煙囪。加熱石頭必須用柴火，得隨時注意火勢的控制，黑煙也會不時從火爐的縫隙中竄出，所以長久下來，桑拿室內的牆壁都被燻得黑壓壓一片。

光是準備工作就非常費時費工，但這是數百年前北歐民族為了在冰天凍地的環境下生存所產生的智慧。

「以前的芬蘭人還會在桑拿室裡接生嬰兒呢，因為這裡頭很暖和，而從前的

屋子沒有暖氣。」羅貝說，「現在的芬蘭家庭都用電氣化的 kiuas，這種傳統桑拿只有在老舊的 mökki 能見到，也只有在度假的時候才有這種閒情逸致來慢慢燒爐。」

不知不覺已過了午夜，桑拿室也準備就緒。大夥兒整好衣裝，穿著泳衣泳褲，一手拎著大毛巾，穿越濕漉漉的草皮，來到距離湖邊不到幾公尺的桑拿木屋。其實一般洗桑拿浴應該要全裸，和身旁的人袒裎相見，連游泳池的公共桑拿也不例外，禁止著任何衣物。但這次的場合特殊。

裡面的空間不算大，不像一般獨棟家庭或公寓的共用桑拿那樣，所以只能勉強塞四個人。我們分成三層排排坐在木製階梯上，雖然有點擠，但十個人恰恰好。別忘了還有洗衣機般大小的 kiuas 和那根大煙囪。

「刹！」的一聲，水在發燙的熱石上瞬間被蒸發成水氣，芬蘭人稱做「löyly」。

當他們想要再加熱時，也總是喊著「löyly! löyly!」同伴就會用長勺將裝在木桶裡的清水灑入 kiuas，整間桑拿室瞬間便瀰漫著水霧和蒸氣。

那個瞬間，有點難以呼吸。芬蘭的桑拿浴普遍都維持在攝氏九十度，而 löyly 在這種高溫的環境下，整個空間會變得更加燥熱。

羅貝拿出vihta，不停地拍打自己的背部，還一副很享受的樣子。我有樣學樣。

「媽呀！怎麼這麼痛！」那種像被燙到的灼熱感，讓我嚇了一大跳。大家都笑翻了。樺樹的葉子濕潤過後，散發出一種特殊的清香，拍打在皮膚上可以活化毛細孔，雖然很痛，卻也相當舒暢。習慣這種感覺後，我也開始享受其中。

不到五分鐘就熱得受不了。我一馬當先衝到外頭，呼吸新鮮空氣。因為極大的溫差，門一打開的瞬間，彷彿重生般舒暢，蒸氣隨之飄散到戶外，化成白茫茫的一片。朦朧的月光，從湖上傳來的微微波浪聲，宛若置身仙境。但是大家卻一步步往湖岸前進。

「欸，你們要幹嘛啊？」我有不好的預感。

「游泳啊，你不知道這是傳統嗎？」尼可大喊。他已經站在碼頭的頂端，再跨一步便是湖水。

「可是現在才頂多十度耶。水一定更冰！」我也大叫。但不知道他們是裝作沒聽見，還是真的聽不到，沒有人理我。出來不到一分鐘我就覺得冷了，開始微微顫抖，但也只能硬著頭皮往岸邊靠近，看看他們到底是不是在開玩笑。

只見羅貝退到接近草皮附近的碼頭入口，然後以跑百米般的速度向前衝，一個魚躍，消失在漆黑的湖水裡。

他浮出水面後大喊：「Henry，這就是 sisu 啊！」

這讓我想起那年在曼查拉高中軍訓課程時到野地訓練的畫面。時值冬天，同學們在訓練過後洗桑拿，一群裸男裸女突然從桑拿室衝了出來，毫不猶豫地跳入結冰的湖裡。

當下的我覺得這些人是瘋子。但兩年後，羅貝的這個舉動卻讓我領悟到什麼。

Sisu，內向性的堅忍精神

「sisu」是一個芬蘭單字，可以分別是毅力、堅韌、頑強、膽識、意志、不屈不撓等這些意義非常相近、卻又不完全相同的詞彙，也可以說是它們的綜合體。

如果一件事情開始了，那麼不管這件事是否合理與重要，sisu 會引領著芬蘭人不惜代價地完成它。Sisu 是一種帶著內向性的堅忍精神，針對不同情況，意義也會些微不同。這就是為什麼這個單字能有這麼多的面向與解釋。

因為 sisu，芬蘭人在零下二十度的天氣，在結冰的湖面鑽了一個洞，坐在旁邊苦等上幾個小時，只為了釣一條魚，儘管他們能輕易在超市買到同樣的東西。

因為 sisu，當身陷森林泥沼時，芬蘭人不急於打電話求救，希望能以自己的力量脫困，直到七、八個小時後，筋疲力盡仍無法動彈。

因為 sisu，芬蘭在一九三九到一九四〇年的冬戰，才能頑強抵抗強大的蘇聯軍隊，以十三萬人、五百門砲的軍力，對抗蘇聯的五十四萬人、兩千門砲。零下四十度，穿越無數的森林、湖泊與沼澤，儘管蘇聯最後還是獲得了勝利，卻也付出了慘痛代價。他們有四萬八千人陣亡，二十七萬人失蹤；芬蘭卻只損失了兩萬兩千餘人。芬蘭的老兵常誇口：「當一個芬蘭士兵要倒下去時，得去換取十名蘇聯士兵的性命。」蘇聯將軍在戰後也表示：「這次戰爭，我們僅僅獲得了足夠埋葬死去將士們的土地。」

Sisu 這個字也因此在當時名聞國際。

但我認為，在桑拿浴過後跳進冰冷的湖裡，是最具代表性的 sisu。這個動作集結了跳進去的意志——「膽識」、忍受湖水的刺骨——「堅韌」、待在水裡的時間長短——「毅力」，三者於一身。而普遍的芬蘭人撲通一聲便跳了下去，想都不用想。

關於 sisu 帶給芬蘭人的影響，似乎有點像我們常說的「傻勁」，但卻是一股正面的力量。說來奇怪，芬蘭人既內向又瘋狂，全是因為 sisu 在骨子裡作怪。Sisu 是芬蘭人的記憶與共同識別。他們試著追尋什麼，絕不輕言放棄。

這次為期一個月的旅行，芬蘭的年輕人帶給我的就是這種感受。

Sisu 所展現的，是否就像是火燄般的炙熱堅毅？

那晚儘管多次嘗試，我始終沒敢下水。只能坐在碼頭尾端，把雙腳浸在湖裡，水面到達小腿肚，超過膝蓋就會讓我哇哇大叫。湖水冷得像千萬根針扎滿了每一寸肌膚，其他人卻在水裡悠然自得。

感到有點寒意後，他們就回到桑拿室裡「加熱」一下，出來後又以千奇百怪的方式跳進湖裡，來來回回，持續好幾回。這是屬於他們的 sisu 精神。

芬蘭的國旗以白色為底，旗面印著一道偏左的藍色十字圖案。白色代表雪，藍色象徵湖泊與藍天。好像時時提醒著這片土地上的子民，大自然就是他們根本的心靈寄託與精神來源。

我全身被睡袋包覆著，躺在被風拍打得嘎嘎作響的帳篷裡。身旁的央娜和尼可已經睡著，發出微微的鼾聲，和帳篷發出的劈啪聲此起彼落地應和著。

儘管再回到桑拿木屋裡洗過一遍，雙腳的刺痛感依然隱隱作祟。我不禁思索，身為台灣的年輕一代，屬於我們的 sisu 又到底是什麼？

沒想到因此我徹夜未眠。

後記

主場優勢

一個尋常不過的午後，台北捷運裡難得悠閒舒適，整個車廂只有三三兩兩的乘客，有的人靜默不語地發呆，有的人目不轉睛盯著智慧型手機。除了捷運加速的引擎運轉聲和偶爾在彎道前發出來的尖銳剎車聲外，沒有其他聲音。

車門打開，走進來一對父女。女孩大約七、八歲，揹著卡通圖案的可愛後背包，看起來像是剛剛放學。爸爸則是一副和藹可親的慈祥模樣。

爸爸牽著女兒的手緩緩放開，兩人在我對面的位子坐了下來。

小女孩三不五時便問爸爸一些天真的問題，像是房子為什麼蓋得這麼高？捷運是誰在開？……爸爸總是一邊撫摸她柔順的頭髮，一邊細心地為她解答。死氣沉沉的車廂頓時多了些溫馨的氣氛。

聽著這些對話，我忽然想不起來，自己小時候是不是也這麼充滿好奇心？

有一段時間，小女孩雙膝跪在座椅上，面向窗外，兩顆眼珠咕溜咕溜地望著不斷退後的城市景觀。

「爸爸。」她突然開口。

「嗯？怎麼樣？」

「為什麼媽媽要我去補習班啊？」她童言童語地問。聽到這個問題我嚇了一跳，不過是剛上小學的年紀，竟然已經開始補習生涯了。

「因為要讓妳變聰明啊！」爸爸親切地回答，但這次沒有再去摸她的頭，而是對著她笑了笑。

小女孩沒有回答爸爸，繼續若有所思地看著窗外。

「可是，」過了一會兒她終於開口：「我不想變聰明。」

爸爸眉頭一皺，但沒有說話，只是輕輕地拍了拍她的頭。

不知道為什麼，捷運上這一幕父女對話的畫面，在我下了車後仍然在腦中縈繞許久不去。

吳祥輝先生在七〇年代以《拒絕聯考的小子》一書衝撞八股的台灣教育體制，引發廣大的迴響和討論。有正面，也有負面的，但無論如何，是一股強大的反思力量。

雖然過去的聯考制度與環境不能與今日相提並論，但四十年後，台灣的教育核心理念和方式依舊沒有太大的改變。

放眼各級高中以下的學校，仍是老師在台上聲嘶力竭地講，學生在底下有一搭沒一搭地背讀課本上的制式知識，然而多數人的心並不在教室內。考試沒考好，爸媽就認為學校不會教、孩子不努力，所以要去補習。

大多數在這樣體制內的學生其實不快樂，更別說了解自己的志向。但為了進入好的學校，達成家長與社會的期望，成為大家眼中的「好學生」，只好勉強自己順從。

我一直很佩服那些能在人云亦云的社會中跳出來捍衛自己理念，然後勇敢實踐的人。那種清楚思考後付諸行動的勇氣，長久以來，正是我以及大多數台灣學生所缺乏的。

但是，經過將近一年在芬蘭的交換學生經驗，以及一個月重返舊地的觀察，我想，我正逐漸朝著這個方向努力。

「制度」，或許不是我們批評和怪罪的藉口；造就這樣的制度，根源其實是我們的「態度」。

華人社會中的「狀元」迷思，以及靠考試定輸贏的心態，讓教育制度不管怎麼樣改革，都無法達到效果。只要稍微有漏洞，人們就一窩蜂地竭盡所能為自己爭取到最好的利益，扭曲了事物的初衷。

因為要回家，所以我們才旅行。

我必須強調，逃走，不是唯一和最好的辦法。

我想，就算再過四十年，也不能保證台灣的教育體制能夠符合每個人的期望。芬蘭不是天堂，他們的教育系統就算整套搬來台灣，也不見得是完美的。

芬蘭有芬蘭的優點，台灣有台灣的優勢，如何吸收別人的長處，切合自身的環境，建立起屬於自己的「主場優勢」，才是我們應該認真思索和追尋的。

人本、務實、活用、嘗試、視野、啟發，這些關鍵字一直出現在書中，不僅是芬蘭教育與精神最貼切的寫照，更是他們的生活理念。

台灣的教育現況不外乎就是升學主義下衍生出來的各種相應形式——考試、背誦、補習等等。這點我們現在無法改變，但可以改變的是你的態度。

不要有那種為了讀書而讀書的消極心態，認清自己的優點與興趣，有策略地為未來的下一步準備。雖然試一樣要考，但不要在盲從的浪潮中迷失對生活的熱忱，成了思想僵化的書呆子。

教科書可以帶你進入制式的教育體系，卻無法豐富一個人的生命。很多在職場上成功的人，靠的不是學歷的光環，而是他對某樣事物的熱情。積極地去發掘、探索和實踐，這些必須靠自己主動去追尋。

像我不喜歡數學、物理、化學這些充斥數字和抽象的理論，所以高中準備考試時只做基本題型，單純只是為了達到考試的標準。但我對文學、語言、藝術很有興趣，除了學校的課程外，我會主動找尋額外的學習機會，增進自己的相關能力。認清自己的實力，有效率地應對種種挑戰。

如果你現在問我：「你將來想做什麼職業？」

我可以很誠實地告訴你：「我不知道。」

但我可以很清楚、肯定地告訴你，我不想要做什麼。所以我不會浪費時間在這上面。

我不知道將來想做什麼，因為我覺得我還沒準備好，大學也才剛開始念，我不能早早就明確地說：「以後我就是要以這個為職業。」

但我知道自己的優勢、專長和興趣。朝著這個方向逐漸累積，隨時抱持著求知的精神，發自內心去學習，終將找到和成就屬於自己的理想。

這樣的一個過程與結果，才是我所追求的。

以自身為出發點，重新問問自己喜歡什麼？想要什麼？

我不認為自己比任何人更有自信，也沒有過人的能力與知識，只是覺得人生為什麼要屈就於現實，按照別人為你鋪設的道路茫然前進呢？

因此，我期許自己凡事多一個步驟──思考與判斷。如此一來，在僵硬體制下的我們，仍舊能試著開拓一片屬於自己的天空。

我想，也許捷運上的小女孩想表達的並不只是：「我不想變聰明。」而是，「我想成為我想成為的人。」

附錄

如何去芬蘭？

很多人以為「交換學生」就是兩國的學校各自送自己的學生到對方學校，必須經由雙方互換的方式來進行。原本我也以為是這樣。但當我下定決心要出國交換後，查了資料才知道，其實交換幾乎都是單方面的，而且大都也不是經由學校，而是透過坊間的代辦機構。

當初在決定出國前，完全沒有接觸過這方面的資訊，索性就直接上網查詢「Finland, exchange student」。由於台灣很少人到芬蘭當交換學生，資料幾乎都跟台灣沒什麼關連，但也看到了「ASSE（American Scandinavian Student Exchange）Finland」交換機構的網站。於是直接寫信說明去芬蘭的意願，以及詢問申請流程。「ASSE Finland」則回覆我可以聯絡台灣的遠景安公司，ASSE在台灣的辦理處，跟他們詢問細節。因此，我的芬蘭交換行有了頭緒。

首先，必須測驗英文能力。不需要到很專精的程度，只要懂得日常的基本對話，溝通沒問題就可以。通過之後，就必須等待尋覓寄宿家庭的漫長時刻。有意願的寄宿家庭也都是想藉由接待交換學生，來達到文化交流的目的，由於是義務性的接待，所以在食宿上完全免費。

找到寄宿家庭後，接下來就是學校的選擇。由於我沒有特別的要求，就被安排在距離寄宿家庭十五分鐘步行距離的曼查拉高中，一所只有兩百多人的普通高中。

特別的是，因為當年透過 ASSE 到芬蘭的交換生不多，不像到其他熱門國家的交換生一樣，有為期數週的語言文化營。只記得那天初次踏上北國土地，就像下了火車般輕鬆地走出機場，四位金髮碧眼的芬蘭人站在門口，手中拿著寫上「陳聖元（Henry）from Taiwan」的字板，直愣愣地看著我這個唯一走出來的亞洲男孩。那一刻其實有些錯愕，現在回想起來也挺有趣的。

抵達芬蘭後，我就成為 ASSE Finland 的責任了。負責人 Harriet 每隔幾個月就會到寄宿家庭來拜訪一次，了解我適應上的狀況，以及學校選課的情形。除了確保我的異國生活安全無虞外，也督促我多選課，不要因為沒有課業壓力而虛度光陰。這點我非常感謝她。

有別於高中時若有出國交換的意願，幾乎都得自己去尋找機會，到了大學，則有很多資源可以運用。不管是考取公費的長期交換，或是薦外的進修，學校甚至學院都有許多計畫可以參與，而這類計畫通常都有補助，學生不需負擔太多費用。

貼心指南

可去哪裡搜集資訊？
各大交換機構網站或大學內的交換計畫（例如政大國合處）。

有哪些代辦機構？
ASSE（American Scandinavian Student Exchange）台灣辦理處
遠景安公司、扶輪社。

需準備什麼申請資料？
高中在學證明、成績單、自傳。

申請時程（需多久前辦理）？
六個月。

所需費用？
十個月約五十萬（不需學費，吃住由寄宿家庭義務負擔，花費主要是代辦費、旅行和購買生活用品）。

語言上如何準備？
由於台灣沒有芬蘭語課程，當初只和在台灣工作的芬蘭人上了兩個禮拜家教，打好基礎。到芬蘭後，於社區專門為外國人開設的語言班上課。

學校如何挑選？
基本上以寄宿家庭地區附近的學校為優先，畢竟交通最方便。再來就是選擇普通高中或技職學校，因人而異。

寄宿家庭如何挑選？
是寄宿家庭挑你，而不是你挑選寄宿家庭，但若有特殊需求，可和代辦機構溝通。

芬蘭學制注意事項？
芬蘭的國民義務教育是九年，和台灣一樣，但他們認為高中生已經是成年人，不需要導師或父母的緊迫盯人，應該為自己的行為和未來負責，所以從高中開始就實行選課制，每堂課都要跑班。

行李建議？
盡量先帶輕便的衣物，冬天的大衣和配件可到當地再買，較便宜且種類又多。

適應建議？
芬蘭人個性較拘謹，不容易主動打開話匣子，需要自己努力去拓展交友，不過一旦打入他們的圈子，芬蘭人是很好相處的。出國前可先學做幾道台灣菜，一解鄉愁外，也可請芬蘭朋友品嚐。

有放手的父母才有展翅飛翔的我

對目前為止在我人生當中所經歷的任何事情，我都萬分感激。謝謝那些在成長過程中幫助我、支持我、鼓勵我，甚至使我挫折、徬徨、難過的，不管是人、事、物，我都由衷地感謝。我想，正是這些正面和負面力量的交織下，促使我不斷地前進。

一直覺得自己很幸運，有一個通情達理的家庭在背後默默支持我做自己。或許有人會說，要不是沒有錢，我也可以去任何我想去的地方，做我想做的事。但是，重點不在於原先擁有什麼，而是有沒有跳脫環境限制的膽識與行動，去追尋自己的理想。如果連這個基本意念都沒有，那就真的一無所有了。

爸爸在外商公司上班，媽媽是老師，世居新竹縣的客家小村。爸爸因為工作機緣，有機會到世界各地接觸不同的文化與人群，擁有多元的視野及開明的想法，也鼓勵年輕人應該多旅行。媽媽當老師，認為培養小孩的基礎能力很重要，因此小時候的學習幾乎都是由媽媽負責。

爸爸引導我人生的方向，媽媽重視我能力的培養，兩者恩威並施，讓我在成長過程中取得一個絕佳的平衡。

不過，這是上高中以前的家庭教育氛圍，高中以後父母便漸漸將自主權交給我。他們從不逼我補習，也不會以影響成績或任何理由阻止我參加社團。只要是正當的活動及興趣，他們都相當鼓勵。

「因為讀書只該是生活中的一小部分。」爸爸這麼認為。

自己要謹慎地思考接下來所做的決定，自己要對後果負責。這是父母的教育方式給我的最大體悟。有時真的覺得台灣的父母太多慮，也管太多，事事都要為子女安排好，才藝、學校，甚至連未來的工作都要參與意見。

這樣我們永遠長不大。

在我的記憶中，很少事情是父母幫我決定好的。想學大提琴，是被濃厚低沉的音鳴給吸引；喜歡攝影，是在旅行中培養出來的興趣；有幸出書，則是自己想分享人生中的特殊經歷。唯一美中不足的地方，是在國中畢業後，我不知道自己想要做什麼，就照著分數填上了升學取向的高中。現在回想起來，以我的性格特質，如果讓我重新選擇一次，我會想要走一條不同的路。我不確定那是什麼，但至少不是那種必須待在教室裡乖乖念書的地方。

但誰能事先知道自己所愛呢？尤其在十五歲的年紀。無論如何，我想，如果當時我有別的選擇，爸媽也會相當支持。

父母在孩子的人生當中，應該是輔助的角色，而不該是主導的一方。舊觀念與偏見，往往是造成家庭代溝的原因。不管怎麼樣，時代在變，應該拋開成見，讓對的人站在對的位置上，因為每個人都是獨立的個體，都有獨特的價值。

國家圖書館出版品預行編目資料

芬蘭的青年力：我想成為我想成為的人／陳聖元作 .-- 初版 .-- 臺北市：遠流 , 2012.09
面； 公分 .--（綠蠹魚叢書；YLK40）
ISBN 978-957-32-7044-7（平裝）
1. 遊記 2. 社會生活 3. 芬蘭
747.69 101015881

綠蠹魚叢書 YLK40

芬蘭的青年力
我想成為我想成為的人

作者：陳聖元
圖片提供：陳聖元
出版四部總編輯暨總監：曾文娟
資深主編：鄭祥琳
企劃：王紀友
行政編輯：江雯婷
美術設計：雅堂設計工作室

發行人：王榮文
出版發行：遠流出版事業股份有限公司
地址：臺北市南昌路二段 81 號 6 樓
電話：（02）2392-6899 傳真：（02）2392-6658
郵撥：0189456-1

著作權顧問：蕭雄淋律師
法律顧問：董安丹律師
2012 年 9 月 1 日 初版一刷
2018 年 3 月 16 日 初版四刷
行政院新聞局局版臺業字第 1295 號
定價：新台幣 330 元（缺頁或破損的書・請寄回更換）

ISBN 978-957-32-7044-7
遠流博識網 http://www.ylib.com
E-mail: ylib@ylib.com